세상에는 네모가 너무 많아!

오늘의 아픔을 내일의 희망으로 바꾼
당찬 아들과 씩씩 엄마의 장애극복 스토리

세상에는 네모가 너무 많아!

초판 1쇄 인쇄 2023년 7월 10일
초판 1쇄 발행 2023년 7월 17일

지은이   엄남미
펴낸이   엄남미
펴낸곳   케이미라클모닝

등록   2021년 3월 25일 제2021-000020호
주소   서울 동대문구 전농로 16길 51, 102-604
이메일   kmiraclemorning@naver.com
전화   070-8771-2052

ISBN 979-11-92806-06-8 (03330)
값 13,800원

세상에는 네모가 너무 많아!

엄남미 지음

절망을 소망으로 바꾸는 힘,
소망을 현실로 바꾸는 힘,
현실을 희망으로 바꾸는 힘,
바로 그 힘!
희망을 보았습니다!

K⁺
MIRACLE
MORNING
KMM PUBLISHER

당신의 네모를 둥글게
깎을 준비가 되었나요

    둘째 아들이 다섯 살 때 5톤 재활용 트럭에 두 번 깔리는 큰 고통사고가 났다. 사고 이후 아들에게 큰 변화가 생겼다. 아들이 더이상 걸음을 걸을 수가 없어서 휠체어를 타고 다니게 된 것이다. 휠체어를 타고 다니면 당연히 남들과 다른 모습에 주목을 받게된다. 사람들이 보는 시선도 가지각색이다. 어떤 사람은 따뜻하고 연민어린 눈길로 쳐다보기도 하고 또 어떤 사람은 안 보는 척하면서 호기심 어린 눈으로 아들의 다리를 쳐다보기도 한다.

    휠체어에 탄 아들을 밖에 데리고 나갈 때 아들의 모습이 다르다고 얼굴에 인상을 찌푸리는 사람들의 시선을 쳐다볼 가장 불편함을 느낀다. 세상을 살아가면서 수많은 사람들을 발견하게 될텐데 그럴 때마다 일일이 상처받고 마음이 행복하지 않으면 안되겠다 싶어 나는 결심한다. '어떤 일이 있더라도 타인의 시선에

신경 쓰지 말고 그냥 당당하게 살아가자.'

　내가 일일이 사람들의 시선을 불편해 하면 아들은 더욱 더불편하게 느낄 것이다. 사실 우리 아들은 당당히 잘 지내고 있는데 엄마만 괜한 걱정을 하고 있던 것은 아닐까. 결국 타인의 시선보다 아들의 행복에 집중하기로 했다. 누가 어떤 말을 하든, 어떻게 쳐다보든 그냥 가고 싶은 길을 가면 된다. 그래도 인간인지라 시선이 신경 쓰일 때가 있다. 그러면 나는 마음속으로 아들을 위해 이렇게 다짐한다. '조금 다를 뿐이지 이상한 것이 아니니까 있는 그대로의 모든 사람들을 받아들이자.'

　그렇게 생각하니 마음이 조금 나아졌다. 아들을 세상에서 강하게 길러내기 위한 방법으로 여행을 많이 다녔다. 여행을 통해 느끼게 된 사실이 하나 있다. 휠체어가 다닐 수 없는 곳이 많다는 것이다. 예를 들어 계단이라든지, 차가 많이 다니는 곳, 엘리베이터가 없는 곳은 아들과 함께 그런 곳을 간다는 것 자체가 힘이 든다. 이제는 훌쩍 커버린 아들을 엄마 혼자서 안고 휠체어를 들고 계단을 올라간다는 것이 보통 일은 아니다. 그렇다고 도전을 하지 않으면 아들에게 할 수 있단 자신감을 심어주지 못할 것 같아 아들을 강하게 키우기 위해 산에도 가고 계단이 없는 곳에서도 휠체어를 들고 아들을 안고 올라간다.

사실 나도 사람인지라 이런 상황에 원망이 들기도 한다. 하지만 금방 잊어버리고서 어떤 일이 있어도 있는 그대로를 받아 들이자고 엄마라는 이름으로 강하게 다짐한다. 남들보다 더 느리고 불편하지만 그런 걸 절대 비교의 대상으로 삼지 않으련다. 세상에는 조금 다를 뿐 어떻게 가는 것이 정답이냐는 아무도 모른다.

우리는 손과 발이 정상으로 작동하는 것이 기적이라는 진실을 잊고 산다. 우리 아들처럼 다리를 움직일 수 없는 사람들에게는 손발을 다 움직일 수 있는 사람들이 부러움의 대상일 것이다. 그러니 지금 이 책을 읽고 있는 독자들이 우리 아들에게는 부러움의 대상임에 틀림없다. 그러니 누군가가 나를 부러워하고 나를 닮고 싶어 할 수도 있다는 사실을 인지하면 세상에 불평할 것이 없다.

지금 이 순간에도 세상을 수없이 원망하며 소중한 찰나를 놓치고 사는 사람이 많다. 남보다 더 많이 가지지 못한 것에 대해 괴로워하며 나만의 또 다른 행복과 기적을 놓치고 있는 사람이 많다는 의미이다. 반면 결핍이 가져온 시련을 통해 행복을 누리면서 순간을 즐기며 사는 사람도 많다.

아들의 시련이 고통으로 점철되지 않기 위해 나는 아들에게 세상 구경을 많이 시켜주려고 한다. 때로는 나 혼자 휠체어를 탄 아들을 데리고 해외로 나가 어떤 일이든 헤쳐 나갈 수 있는 힘을 기르도록 노력하기도 했다. 외국에서 친절한 사람을 만나 아들이 큰 도움을 받았을 때에는 감사함도 있지만 아들은 스스로 자신의 장애가 그렇게 걸림돌이 되지 않는 자신감을 가지는 듯했다. 그런 자존감과 자신감을 길러주기 위해 나는 적극적으로 지금 살고 있는 이 환경과 다른 곳을 구경하고 체험하게 해주고 싶다. 이로 인해 장애는 있지만 세상에서 가장 행복한 사람이 자기 자신이라고 굳게 믿을 수 있는 원동력이 될 거라 생각한다.

세상을 살아가는 데에 있어서 초점을 어디에다 두느냐에 따라 지금 상황이 천국일 수도 있고 지옥일 수도 있다. 세상에는 장애가 있지만 그 누구보다 행복하게 살아가는 사람이 많다. 헬렌 켈러, 서울대 이상묵 교수, 철인 3종 경기의 호이트 부자, 동기부여 연설가이자 베스트셀러 작가인 닉 부이치치 등 세상에 힘든 역경을 극복하면서 살아가는 사람들의 밝고 긍정적인 이야기를 평소에 많이 해주려고 한다. 그러면 우리 아들은 장애가 별 것 아니며 불편하지만 불행한 것이 아니라는 사실을 또렷하게 이해한다.

똑같은 상황에 놓여 있더라도 어떻게 해석하느냐에 따라 행복이 되기도 하고 불행이 되기도 한다. 마음을 어디에 두느냐에 달려 있는 것이다. 일체유심조(一切唯心造)라는 말을 항상 떠올리며 항상 좋은 결과가 날 것이기에 이 순간에 감사할 수 있는 것이 무엇인지를 곰곰이 생각해 본다. 그러면 그냥 살아있는 것 자체가 감사할 따름이다. 오늘 하루 눈을 뜰 수 있어서 행복하고 생명이 붙어 있어서 행복하다.

아들의 휠체어를 밀 때마다 인생의 모든 경험이 행복으로 이어진다는 진실을 알게 되었다. 때로는 힘들지만, 느리지만, 불편하지만, 부족하지만 아들과 나는 숨을 쉴 수 있고 눈을 통해 서로를 바라볼 수 있다는 사실만으로 감사하다. 그 외에 무엇이 더 필요할까?

삶이 힘들고 불평불만으로 가득한 오늘을 살고 있는 모든 분들에게 감히 말씀드리고 싶다. 분명 여러분보다 더 힘들고 아파하고 눈물짓는 날이 많은 사람들이 있다. 그러는 와중에 이러한 상황을 지혜롭게 이겨내어 더 밝은 미래를 꿈꾸는 이들이 있다. 나보다 위만 바라보지 말고 충분히 옆도 바라보고 아래도 바라볼 줄 아는 사람이 되어야 할 것이다.

사람의 삶에는 은근히 네모가 많다. 이를 둥글게 깎아 가는 과정은 자신의 몫이다. 우리 아들이 열심히 자신의 네모를 깎아나가는 것처럼 이 책을 읽는 여러분도 함께 깎아나가는 것은 어떨까 싶다. 이는 내가 권유하는 것이 아니라 언제나 밝게 웃으며 삶을 받아들이고 있는 우리 아들의 넓디넓은 제안이다.

어느 아이가 건네는 손이지만 충분히 잡아볼 만할 것이다. 더 이상 아파하지 않을 수 있는 '희망의 손' 말이다.

오늘도 감사하게 시작하면서

엄남미

차 례

세상에는 네모가 너무 많아!

제1장

**바퀴달린
의자를
만나다**

인생을 즐기며 살고 싶으면
즐거운 생각을 해야 한다.
성공한 인생을 살고 싶으면
성공하는 생각을 해야 한다.
사랑하며 살고 싶으면
사랑하는 생각을 해야 한다.
우리가 마음속으로 생각하거나
입으로 소리 내어 말하면
그대로 이루어진다.

루이스 헤이

잔잔했던 나의 삶

"원장 선생님, 우리 재혁이 좀 불러주세요."

"네, 어머님, 어디 가세요?"

"강원도 망상해수욕장이요."

"어머님, 이게 다 뭐예요?"

"캠핑카예요."

"와, TV에서나 보던 캠핑카라고요? 와, 재혁이는 정말 좋겠어요."

우리 재혁이 유치원 선생님이 신기한 듯 차를 구경한다. 동네 사람들의 주목을 받으며 끌고 온 캠핑카. 유치원 정문 앞에 세워 놓고 재혁이를 불러서 일단 태워 놓았다. 큰애가 학교를 마치고 집에 오면 떠나기로 했다. 이 모든 것은 미리 계획되고, 준비된 것이 아니다. 마음이 가는 대로 실행한 것이다.

가족과 함께 캠핑을 하면서 행복을 느꼈다. 자연이 주는 치유의 에너지가 내 주위로 넘쳐났다. 그래서 땅을 사면 캠핑을 자주할 수 있을 것만 같았다. 어느 날 땅을 계약하려고 준비한 계약금이 내 손에 들려 있었다. 하지만 땅은 구경조차 하지 못했다. 계약이 무산된 것이다. 결국 그 돈을 가지고 캠핑카를 빌려 여행을 떠나기로 마음먹었다. 너무나 꿈꿔왔던 땅이기에 꿈이 사라진 것 같아 어디론가 떠나고 싶었다. 남편에게 전화했다.

"여보, 있잖아, 하남에서 캠핑카를 빌려서 애들하고 여행 좀 다녀올게."

"뭐, 캠핑카?"

"어, 캠핑카. 내 평생 소원이고 꿈 말이야. 한 번 타보고 싶어서."

"빌리는 데 얼만데?"

"새 거고 옵션이 다 들어가서 50만 원이래."

"1박 2일 빌리는 데 50만 원이라고?"

"응!"

"너무 비싸니까 내가 쉬는 날 같이 가자고."

"지금이 아니면 안 될 것 같아. 주말에는 더 비싸. 일단 우리가 먼저 다녀올게."

"뚜뚜뚜…."

6월 말 약간 덥지 않은 날씨에 강원도로 향했다. 내가 이렇게 큰 차를 운전하다니…. 두 아이들에게 깜짝 놀랄 이벤트를 하게 된 것이다. 사실 나는 무언가를 결정하기 전에 항상 스스로에게 이런 질문을 한다. '오늘이 내 생애 마지막 날이라면 무엇을 할까?'

내면의 답이 '캠핑카 여행을 한다'였다. 더 이상 뒤돌아볼 필요도 없었다. 시간이 나면 같이 가자는 남편의 말을 믿을 수 없기도 했다. 그에 대한 약속은 기약이 없다. 남편은 여름휴가 외에는 쉬어본 적이 없다. 회사를 위해 열심히 일하느라 그런 것이겠지만 아이들을 한 번 더 생각해 볼 수밖에 없었다. 나도 즐겁고, 아이들도 행복하니 미안한 마음을 슬그머니 감춰야만 했다.

우선 계획 없이 내비게이션에 망상해수욕장을 찍고 떠났다. 주변 사람들의 시선이 캠핑카로 몰렸다. 마치 연예인이 된 느낌이었다. 하지만 큰 차를 몰다보니 덜컹거려서 시속 80킬로미터 이상을 낼 수가 없다. 차 안에는 냉장고, 침대, 텔레비전, 테이블, 의자 등 달리는 집처럼 신비롭고 새롭고 재미있는 것들로 가득했다. 아이들이 아이스크림을 먹으면서 이런 경험을 하는 것이 너무 재미있다며 재잘거렸다.

"재혁아, 성민아, 어때? 이렇게 캠핑카 타보니까 좋지?"

"엄마, 너무 좋아. 텔레비전에서 포켓몬 만화도 나와. 에어컨도 나오고."

"강원도까지 세 시간 걸리니까 뒤에 잘 앉아 있어야 해."

"엄마 고마워. 아이스크림도 캠핑카 안에서 먹으니 정말 맛있다."

"그런데 아빠가 못 가서 어떻게 하지?"

"그건 갔다가 와서 우리가 재미있게 여행하고 온 걸 보고하면 돼."

"정말 괜찮을까?"

"응, 너무 걱정하지 마."

　아이들의 눈에는 TV에서나 볼 만한 이런 새로운 경험들이 신기했을 것이다. 덜컹거리는 큰 차를 열심히 몰다보니 어느덧 강원도 망상해수욕장에 도착했다. 파란 바다색과 고요한 평화가 더없이 좋았다. 파도소리가 들리는 모래사장. 그곳에 지나 바닷물에 발을 담그고 아이들 사진을 찍어주니 천국이 따로 없었다.

　물론 남편에게는 미안했다. 휴가를 잘 쓰지 않는 사람이라 평일에 시간을 빼기가 힘들었다. 어쨌든 그 생각은 차치하고서라도 아이 둘과 새로운 경험을 하는 것 자체가 일상의 반복 속에서 만나는 지루함을 깨고 새로운 청량감을 준다. 저녁에 남편에게 전화를 했는데 서운했는지 받질 않는다. 미안한 마음이 더 커져버렸다.

　이곳에서 만난 잔잔한 물결처럼 어떤 큰일도 없이 그날이 그날인 지루한 일상을 반복해서 살아가고 있는 나는, 별다를 것 없는 그냥 엄마였다. 둘째를 낳고 육아휴직을 신청했다. 3년 동안 아들 둘을 키우느라 정신이 없었다. 아들 둘은 왕성한 활동력으로 하루 종일 나의 기운을 다 빼앗아 갔다. 엄마도 휴식이 필요했다. 도움의 손길 없이 혼자 육아를 해내는 것이 힘들었으니까. 육아휴직을 한 지 3년이 이렇게나 빨리 지나가버리다니. 근무하는 고등학교에 돌아가야 할 때가 다가왔다.

"엄마, 학교에 안 가면 안 돼?"
큰애가 애원한다.
"엄마도 안 가고 싶어."
"엄마 학교 가지 마."
작은애는 단호하게 얘길 한다.
"엄마도 집에서 너희 둘 보고 싶은데 학교에 나가야 해."
"왜 가야 해? 우리랑 집에서 그냥 놀아줘."
"한번 생각은 해볼게."

친정엄마가 원래 아들 둘을 봐 주실 줄 알았는데 언니도 딸을 낳아서 세 아이를 동시에 볼 수 없는 상황이었다. 엄마가 언니 딸을 봐 주시기로 했으니 도우미를 구해야 하는데 낯선 사람에게 아이들에게 맡기고 싶지 않았다. 아이들을 낯선 분에게 맡기고 불편하게 직장 생활하는 건 아닌 것 같았다. 결국 스스로에게 최면을 걸 듯 결정을 내려야 했다. 아이 키우는 게 돈 버는 일이라고 결론을 내렸다. 아이들도 애원하니 당당히 고등학교 교사 자리를 내놓았다. 동료 교사들이 만류했다. 그럼에도 내 결심은 확고했다. 결국 사표를 제출했다.

이제 직장을 완전히 그만두고 전업 맘으로 살게 되었다. 아이들과 즐겁게 놀아주고 행복한 적도 많았지만 육아에 지쳐 애들한테 소리도 지르고 화도 많이 냈다. 직장을 더 이상 갈 수 없단 생각에 화가 났다. 경력이 단절되면 안 되겠다 싶어 심리 상담 공부를 2년 반 동안 틈틈이 하며 마지막 시험을 봐야 하는 어느 날을 맞이하게 되었다.

이렇게 잔잔했던 일상을 누리던 우리 가족의 삶이 순식간에 180도 변해버렸다. 끝이 없는 블랙홀로 떨어지는 사고가 난 것이다. 그날은 다섯 살 둘째아들이 유치원에서 놀이동산으로 체험학습을 가기로 한 날이었다. 가기 싫다고 하는 애에게 억지로 유치원복을 입혔다. 원복이 입기 싫다며 둘째가 투정을 부렸다.

아이를 빨리 유치원에 보내고 약속한 지인을 만나야 했다.

2011년 11월 10일. 그날은 대학수학능력 시험이 있던 긴장되는 날이었다. 그래서 그날을 잊을 수가 없다. 아침부터 느낌이 별로 안 좋았다. 그냥 기분 탓이겠지라고 넘기기에도 좀 그랬다. 얼마 전에 꾼 꿈도 뒤숭숭했다. 며칠 전에 쓴 일기에도 뭔가 불안하다고 적었다.

잔잔했던 호수에 아주 큰 바위가 쿵 하고 떨어졌다. 아파트 일방통행 길에서 재활용 트럭이 짐을 싣고 있었다. 그런데 어느 순간 그 트럭이 후진을 하는 것이 아닌가. 자전거 뒷좌석 보조의자에 담요까지 덮어서 앉혀둔 둘째아이. 갑자기 "쿵"하는 소리가 들려 왔다. 트럭이 천천히 가고 있던 우리 자전거를 깔아뭉갰다. 갑자기 내 몸은 중심을 잃었다. 빨리 자전거 운전대를 놓았다. 순식간에 뒤를 보았다.

'우리 둘째가…

자전거 보조의자에 앉아 있던 재혁이가…

재활용품이 가득 실린 5톤 트럭 바퀴에 깔려 있는 것이 아닌가.'

그 바퀴가 한 번 더 아이의 허리를 밟고 앞으로 이동했다. 너무 놀랐다. 기절할 것만 같았다. 그 와중에 아이를 살려야겠다는 생각뿐이었다. "아, 악." 미친 여자처럼 비명소리를 질러댔다. 하지만 목구멍 어딘가에서 소리가 맴돌 뿐이었다. 더 크게 질러지지가 않았다. 아이의 원복이 다 찢어졌다. 그 이후로 도대체 무슨 행동을 했는지 생각이 나질 않는다. 그 순간만큼 기억이 사라져버린 것만 같다. 지금도 도저히 모르겠다. 내가 뭘 어떻게 행동했는지를.

다만 한 가지 떠오르는 기억이 있었다. 갑자기 외할아버지가 시골에서 자전거를 타고 논을 보러 가시다가 트럭에 치여 돌아가신 생각이 스쳐 지나갔다. '이건 분명 우리 할아버지가 당황하지 말고 아이부터 챙기라고 나에게 보내는 신호일 거야.' 이 생각이 문득 스쳐 지나갔다. 도무지 왜인지는 알 수 없었다. 나도 모르게 뭔가 계시처럼 떠올랐을 뿐이다.

그때부터 마음이 아주 편해졌다. 신기하게도 마음이 고요한 호수같이 다시 잔잔해졌다. 그러다가 내가 해야 하는 일들이 생각났다. 제정신이 아니었지만 재혁이를 챙기는 와중에, 큰애한테 전화를 걸었다.

"성민아… 재혁이… 교통사고… 났어."

다급한 목소리가 나왔다. 그러고는 이렇게 말하던 나를 기억
한다.

"학교에… 조심히… 잘… 갔다 와야… 해."

아홉 살짜리 큰애가 큰소리로 울었다. 결국 나는 기억나지 않
지만 아이는 엄마의 비명소리를 들은 것이다. 누군가가 벌써 119
를 불러놓았다. 아이를 들것에 태워 구급대원들이 신속하게 움직
였다. 들것에 들려 생애 처음으로 구급차 안에서 벌벌 떨었다. 아
이의 다리가 움푹 패여 뼈가 보였다. 출혈이 심했다. 구급대원들
의 얼굴에서 상황이 아주 심각하다는 걸 느꼈다. 응급실에 내리
자마자 바로 치료가 시작되었다. 담당 의사가 왔다. 전문의들이
교통사고 상황을 물었다.

"사고 상황을 자세하게 설명해주세요."

"아이가 사고가 나자마자 눈이 안 보인다고 그랬어요."

"토를 했어요."

"엄마, 엄마. 눈이 안 보여. 엄마, 엄마, 엄마."

"아이가 쇼크 상태였던 것 같습니다."

아들은 계속해서 응급실 침대에서 일어나야 한다고 울면서 애원했다. 안타까웠다. 어떻게 내가 할 수 있는 일이 아무것도 없었다. 그냥 의료진의 빠른 선처를 기다리기만 했다.

"엄마, 나 불편해. 엄마, 나 일어나서 앉아야 해." 아들이 말했다. 그런데 그것이 지금 이 순간부터 우리 아이가 짊어져야 할 운명의 수레바퀴를 될 줄은 몰랐다.

"재혁아, 괜찮을 거야. 엄마가 옆에 있으니 안심해도 돼." 최대한 아이를 안심시켰다. 하지만 나도 이 상황이 무섭고 두려웠다. 사고를 당한 아들은 오죽했으랴.

"엄마, 나 일어나 앉아야 해. 엄마, 나 좀 일어나게 해 줘. 너무 불편해, 너무 불편해, 엄마, 엄마, 엄마." 아이가 나에게 소리를 쳤다. 의사들은 교통사고 쇼크라고 말했다.

"의사 선생님, 저희 아이 좀 빨리 치료해주세요." 오직 이 말

밖에 할 수 없었다. 한번 하고, 두 번 하고, 세 번 하고, 네 번 하고… 허공에 울리다가 퍼져버리는 돌림노래처럼 이 말만 해댔다.

상황은 아주 심각하게 돌아갔다. 오른쪽 다리를 봉합하는 시술이 시작되었다. '그런데 이상하다. 아이가 뼈가 훤히 보이는 다리를 봉합하는 시술을 하는데도 아프다는 소릴 안 한다. 분명 이건 뭐가 문제가 있다.' 그렇게 혼자 아들을 보고 있는데 남편이 도착했다. 상황 설명을 듣고 아들을 보았다. 갑자기 남편이 한쪽 벽 구석으로 터벅터벅 걸어갔다. 고개를 돌리더니 눈물을 소리 없이 흘렸다. 막 우는 것이 아니고 흐느꼈다.

둘째에게 유독 정이 많아 사랑을 많이 주었던 아빠다. 그 조그만 아들이 지금 피를 쏟으며 차가운 침대에 누워 있다. 잔잔했던 우리 가족의 일상이 산산조각 났다. 남자의 눈물을 처음보았다. 그것도 한 아이의 아버지가 마음껏 목 놓아 울지 못하는 가슴 답답함을 보았다. 마음껏 울 수 없는 모습이 슬펐다. 그냥 흐느꼈다. 눈물이 차창에 빗방울 쏟아지듯 흘렸다. 가슴이 찢어지게 아팠다. 어느 가장의 눈물은 내 가슴을 가시처럼 찔렀다.

남편은 연애를 하면서 나에게 사탕발림 같은 말을 많이 했다. "누가 남미 씨 눈물 흘리게 하면, 저는 그 사람 피눈물 나게 해줄

거예요"라는 말이 떠올랐다. 그런데 내가 우리 남편을 피눈물 나게 했다. 죄책감이 들었다. 하지만 남편은 나를 나무라지 않았다.

남편 회사 상사도 잇따라 응급실에 도착했다. 트럭 운전기사도 응급실에 도착했다. 차분했던 남편이 트럭기사에게 화를 냈다. '나한테 내야 하는데 운전기사에게 화를 내네. 괜히 미안하게끔.' 나는 그러면 안 된다고 생각했다. 제정신이었는지 아닌지는 알 수 없었지만 왠지 운전기사가 외할아버지처럼 생겼다고 생각했다.

그런데 나는 이 상황을 말없이 지켜보는 수밖에 없었다. 남편 회사 상무님은 어머니의 교통사고 이야기를 들려주며 나를 위로해주셨다. 아이 엄마가 밥도 잘 챙겨 먹으면서 강해져야 한다고 여러 번 이야기하셨는데 귀로 들어온 이야기가 머리로 가는지 다시 다른 귀로 빠져나가는지 알 수가 없었다. 누군가 곁에서 위로와 격려를 해준다는 것 자체가 힘이 되었다.

아이는 중환자실로 옮겨졌다. 혼자 이 청천벽력과 같은 상황을 견디고 있을 아이를 생각하니 목이 메었다. 많은 사람들이 나를 위로해주려 애쓰고 있었다. 엄마가 강해져야 한다며 억지로라도 먹어야 한다고 했다. 하지만 아무 생각도 들지 않았다. 그냥 허공에 대고 기도만 했다.

　"부처님, 하나님, 세상의 모든 신이시여, 우리 아이를 제발 살려주세요."

　중환자실에 다섯 살 아이는 우리 아들밖에 없었다. 어른들만 누워 있었다. '왜 이런 일이 우리 아이에게….' 원망과 슬픔이 다람쥐 쳇바퀴 돌 듯 넘쳐나는 상황에서 다행히 아이는 고비를 넘겼다고 했다. 또다시 세상 모든 신들을 찾기 시작했다. 인생사 새옹지마(塞翁之馬)라고 수많은 사람들이 말한다. 그 말이 무슨 의미인지는 대충 알았으나 이 상황에 해당되는 것인지는 꿈에도 몰랐다.

　앞으로 우리 아이에게 어떤 일이 일어날지는 알 수 없었다. 이런 일이 일어날 것이라고 조금도 생각하지 못했으니까. 다만 우리 부부는 서로를 다독이며 이런 말을 했다. "여보, 누가 물어보면 그냥 아이가 다쳤다고만 말합시다."

세상에는 네모가 너무 많아!

뜻하지 않은 사고를 극복해서
자신의 힘으로 기회를 만들어내는 사람은
100퍼센트 성공한다.

데일 카네기

평범한 나의 아들

/

"엄마, 나 혼자 샤워 다 했어."

"와! 재혁이 대단하네."

"엄마, 나 잘했지?"

"그럼, 우리 재혁이가 어떻게 이렇게 혼자 했어?"

"어, 거울 보고 수건으로 말리고 드라이기 엄마가 꺼내준 걸로 머리를 싹싹 말렸어."

"정말 대단하다. 다 컸네."

"엄마, 나 혼자 드라이기로 머리도 말리고 수건으로 다 닦았어."

"응, 재혁이가 혼자 드라이기로 머리도 말리고 수건으로 닦았구나. 정말 대단해요."

엄지 척을 보내며 아이가 잘한 행동을 다시 한번 말해주면서 공감도 해주고 칭찬도 연달아 과하게 해주었다. 그렇게 둘째 아이는 칭찬과 공감, 사랑으로 키웠다. 무엇이든 다 할 수 있고 있는 그대로 아이가 하는 행동을 지켜봐주기만 했더니 샤워까지 혼자 다 해버렸다. 아이를 이렇게 키우니 참 편했다. 큰애랑 비교가 되었다. 큰애는 일일이 다 씻겨주고 소리를 질러가며 화도 내다 보니 칭찬이란 걸 잘 몰랐는데 둘째는 키우기가 수월했다.

물론 목구멍에 사탕이 걸려 거꾸로 뒤집어 빼내는 아슬아슬한 순간도 여러 번 있었다. 기관지가 약해 감기에 자주 걸리다 보니 오밤중에 아이를 업고 응급실로 뛰어간 적도 많았다. 이 모든 것이 다 일상이었고, 다른 아이들도 마찬가지로 겪는 많은 경험 중에 하나였다. 형과 많이 싸우고 질투하고 다시 화해하면서 평범한 날들을 보내는 아들이었다. 사랑스런 아이, 오랜 기다림 끝에 왔던 아들, 그토록 애틋하게 기다렸던 둘째였다.

하지만 이 아이가 지금 보송보송한 집의 이불이 아니라 하얀 시트가 깔린 철제 침대에 누워 있다. 코에는 호스가 끼워져 있고 오른쪽 다리는 붕대로 감겼다. 알 수 없는 수치를 나타내는 심장 박동, 혈압 모니터와 소변 줄이 꽂혀 있다. 평범했던 나의 아들이 드라마에서나 보던 병원 장면에 노출되었다. '어떻게 나에게 이런 일이 일어났지.' 앞으로 전개될 상황이 막막했다. 의사들이 수시로 들락날락거렸다. 뭐라고 하는지 모르는 언어를 쓰면서 모니터의 수치만 적어갔다.

"어머니, 아들이 폐렴인 것 같아요. 일단 가래를 잘 뱉어내야 하니, 계속해서 등을 두들겨 주세요."

"우리 아이가 감기에 걸린 적은 많았지만, 폐렴이 생긴 적은 없었는데요." 걱정하며 물었다.

"어머니, 어릴 때 저희 남동생도 폐렴에 걸려 입원했었어요. 흔한 일이에요. 그때 제가 동생 등을 아주 세게 두드려줘 가래를 뱉어내게 했어요. 이거 아주 중요한 거니까 꼭 해주셔야 해요."

아이가 사고로 쇼크를 받아 이렇게 누워 있는데 등까지 세게 두들겨 주란다. 엄마의 마음이 아파서 그렇게는 못 하겠다. 하지만 그들이 하라는 대로 안 하면 더 큰 일이 날 것만 같았다. 머릿속에서 폐렴이라는 단어를 지우고 할 수 있는 행동만 했다.

"재혁아, 좀 참아. 너 가래를 뱉어야 한대. 엄마가 등 두드릴 때 아프면 얘기해."

"엄마, 나 좀 불편해. 언제 집에 갈 수 있어?" 병실이 답답한지 연신 묻기 시작했다.

"응, 의사선생님들이 지금 잘 치료해주고 있으니까 조금 있으면 집에 갈 거야."

이렇게 말은 했지만 '정말 집에 다시 갈 수 있을까'라는 불분명한 감정이 들었다. 막연하고 답답한 이 심정을 어떻게 표현할까. 평범했던 아들에게 앞으로 어떤 일이 벌어질지 모르겠다는 생각이 들었다. 벌써 중환자실에서 1주일, 개인 격리 병실에서 1주일째다. 금식으로 아무것도 먹지 못하는 아들이 계속해서 뭔가를 먹고 싶다고 말했다.

"엄마 언제 금식이 풀려? 나 언제 먹을 수 있어?"

"조금만 참아. 금식 풀리면 곧 먹을 수 있어."

"엄마, 나 배고파."

"응, 재혁아 지금 비타민 수액을 맞고 있으니까 먹지 않아도 영양은 섭취가 된대. 금식이 풀리면 뭐 먹을지 종이에 한번 적어볼까?" 애처로운 마음에 종이를 꺼내어 아이가 말하는 음식을 받아 적었다.

"엄마, 나 김밥도 먹고 싶고, 피자도 먹고 싶고, 식혜도 먹고싶어. 그리고 또, 아! 생각났다. 아이스크림도 먹고 싶고 사탕도 먹고 싶어."아들이 신나하며 먹고 싶은 것들의 리스트를 쭉 얘기했다.

"그래, 재혁아, 엄마가 다 적었어. 금식 풀리면 꼭 이거 다 사먹자." 가슴이 미어졌다.

아무것도 먹지 못하게 하는 이 병원의 환경이 너무 싫다. 나도 집에 가고 싶었다. 한번도 이런 상황에 놓인 적이 없었기 때문이다. 이런 고통의 무게를 감당하기 힘들었다. 우리 부모님은 병원에 간 적이 별로 없을 정도로 나를 잘 키우셨다. 친정 부모님이 생각났다. 평범하게 딸을 키우시느라 고생하신 부모님의 눈물과 마음이 생각나 병실에서 몰래 나와 흐느꼈다.

아이가 금식이니 나도 먹을 수가 없었다. 정말 배가 고프지 않았다. 아이를 저 지경이 되게 한 죄책감이 들었기 때문이다. 일주일 사이에 5킬로그램이나 빠졌다. 면회 온 가족들이 수척해진 나를 보고 역시나 엄마가 잘 먹어야 아이를 간호할 수 있다면서 잠깐이라도 먹고 오라며 성화였다. 힘을 내기 위해 먹긴 했지만 아무 맛도 나지 않았다. 아들의 금식이 언제 풀릴까만 걱정되었다.

담당의사는 정형외과 치료만 잘되면 퇴원시킬 것같이 말했다. 문제가 있는 부분이 있었지만 아이는 잘 견뎌주었다. 다음날 1인 격리 병실에서 다인실로 옮겼다. 보험 적용이 될 수 있는 병실이 5인실까지라고 했다.

"엄마, 이 답답한 거 언제 빼?"

"어, 재혁아. 오른쪽 다리가 골절이 돼서 뼈가 붙을 때까지 기다려야 한다네."

"그럼 언제 빼?"

"의사 선생님이 6주 걸린대. 네가 어린 아이라서 뼈가 잘 붙을 거래."

"엄마, 너무 불편해."

"엄마도 네 모습을 보니 답답하긴 한데 이 뼈가 붙어야 우리 집에 갈 수 있어."

"그럼 할 수 없지. 엄마 나 먹을 것 좀 줘."

오늘은 정형외과에서 아이의 온 몸에 석고를 발랐다. 손과 얼굴만 움직일 수 있었다. 배꼽은 네모나게 석고를 뚫어 배가 부르면 숨을 쉴 수 있게 만들어 놓았다. 오른쪽 다리가 골절이 되었기 때문에 뼈가 붙기 전에는 절대로 움직이면 안 된다. 보는 것도 답답한데 아이는 오죽 답답하랴. 살면서 이렇게 답답한 순간이 있었을까. 그동안 누려왔던 평범한 일상이 얼마나 소중한지를 새삼 깨닫게 되었다.

그런데 갑자기 소아과, 신경외과, 신경정신과, 정형외과, 내과 담당 의사들이 쉴 새 없이 병실을 찾아왔다. 이상하다. 의사들은 나에게 어떤 상황 설명도 하지 않고 아이 상태만 보더니 뭔가를 줄기차게 적어만 갔다.

'설마, 아니겠지. 아무 일 없는 거겠지. 그냥 그런 거겠지.'

모든 사람은 경탄할 만한
잠재력을 가지고 있다.
자신의 힘과 젊음을 믿어라.
모든 것이 내가 하기 나름이다'라고
끊임없이 자신에게 말하는 법을 배워라.

앙드레 지드

도전의 계기를 만들다

"어머님, 잠시 밖으로 나가시죠."

담당의사가 오지 않았다. 대신 신경외과 전문 교수가 왔다. 의사의 얼굴에서 심각한 기운이 감돌았다.

"재혁아, 엄마 잠시 의사선생님하고 저기 문 밖에서 얘기 좀 하고 올게." 아들을 안심시켰다.

"알았어, 엄마. 빨리 와." 아들은 아주 작은 목소리로 대답했다. 눈짓으로 궁금한 표정을 지었다.

나는 병실 밖으로 나가 병원 복도에 서서 의사가 하는 말을 들을 준비를 했다. 하지만 그는 쉽게 말을 꺼내지 못했다.

"어머님, 제가 이런 말을 할 때 참 난감합니다." 직설적으로 얘기할 것 같은 냉정한 의사가 잠시 뜸을 들였다. 그러더니 마침내 얘길 하기 시작했다.

"MRI 촬영 결과 아이는 척추신경(척수)에 심각한 손상을 입었습니다. 흉추 2번 아래로 모든 신경의 기능이 다 손상되었습니다. 아이는 더 이상 걸을 수 없습니다. 이제 평생 휠체어를 타야 합니다. 아이의 수명도 20~30퍼센트 줄어들 겁니다. 이런 말씀을 드리게 되어 죄송합니다."

전문의의 분위기가 물씬 풍기는 의사가 선고를 내렸다. 나는 어떠한 대답도 할 수 없었다. 주저앉아야 할 것만 같았지만 그러질 못했다. 펑펑 울면서 의사에게 화풀이라도 해야 할 것만 같았지만 그러지 않았다. 다만 잠시 생각을 했다. 그냥 어렴풋이 떠오르는 무엇인가에 대해 생각만 했다. 지금까지도 그것이 무엇인지 잘 모르겠다. 교통사고의 정도가 너무 커서일까? 나는 어떠한 부정적인 반응도 보이지 않았다. 그냥 의사의 말을 있는 그대로 받아들여야만 했다. 나를 똑바로 쳐다보지 않는 의사의 눈을 똑바로 바라보려고 애썼다. 그리고는 이렇게 말했다.

"아, 그렇군요. 그래요. 있는 그대로 상황을 받아들여야 한다는 거죠? 그런 거죠? 그렇다면 어쩔 수 없네요. 선생님도 많이 고민하셨을 테니까요. 감사합니다." 이 말이 끝이었다. 거기에서 어떤 다른 반응을 보인다는 것은 쓸모없는 짓이라고 생각했다. 그리고 의사의 말을 절대로 믿지 않았다. 아니, 믿고 싶지 않았다.

나는 담담했다. 엄마는 강인해야만 한다. 엄마는 아들에게 가슴속에 묻어둔 울음을 보일 수 없었다. 아들의 마음도 무너질 것이기에 강해지려고 노력했다. 아이의 얼굴에 떨어지는 눈물만큼 안타까운 모습도 없기에 무작정 강해지려고 노력했다. 단지 엄마라는 이유 하나만으로.

어떤 상황이라도 다 극복할 수 있을 것만 같았다. 아니, 그렇게 해야 했다. 어떻게든 엄마로서 아들에게 강한 모습, 아무 일도 없었던 것처럼 태연한 모습을 보이려고 노력했다. 하지만 손은 부들부들 떨렸고, 다리는 중심을 잡을 수 없을 만큼 연약해졌으며, 머릿속은 그냥 멍하기만 했다. 이것이 사실이었고, 현실이었다. 병실로 들어설 때까지 나는 내가 아니었다. 그렇다고 재혁이에게 이러한 모습을 보일 수는 없었다.

"엄마, 의사선생님과 무슨 얘기했어?"

"응, 별 얘기 안 했어."

"정말?"

"그래, 의사선생님이 재혁이 밥 잘 먹고, 치료 잘 받으면 빨리 퇴원할 수 있다고 말씀하셨어. 오늘따라 재혁이 웃는 모습이 더 예쁘네."

"엄마랑 둘이 병원에서 있으니까 좋아. 그 전에는 엄마가 바쁘다고 곁에 있어주지 못했잖아."

"그랬었지. 뭘 배운다고 이곳저곳 돌아다니며 재혁이 밝게 웃는 미소를 놓치고 살았지. 미안해."

"엄마, 괜찮아. 그땐 그럴 수밖에 없었잖아."

"너는 어쩜 그리 속이 바다처럼 깊니?"

"엄마 나 먹을 것 좀 줘."

이런저런 일을 하다가 갑자기 친구가 보내준 모리스 굿맨이라는 사람의 영상이 생각났다. 그는 성공한 보험 세일즈맨이었다. 1981년 3월 20일 경비행기를 몰다가 비행기가 추락해 몸이 완전 마비되었다고 한다. 호흡기에 의지해 숨을 쉬고 병원 침대에 꼼짝 못하고 누워 있을 수밖에 없었다. 그런 모리스에게 의사는 평생 눈만 깜빡이는 식물인간으로 살게 될 것이라고 선고했다. 하지만 그는 그것은 의사의 판단이지 자신에게는 아무 상관이 없다고 생각했다. 중요한 것은 자신의 생각이라고 여겼던 것이다.

그리고는 간호사들에게 부탁하여 눈으로 깜박거릴 테니 알파벳으로 하나씩 글자를 써달라고 했다. 'I will walk out by Christmas (나는 크리스마스까지 내 발로 병원을 걸어 나갈 것이다).' 자신이 정상적으로 걸어서 병원을 나가는 상상을 24시간 동안 쉬지 않고 했다. 다른 생각이 들어오지도 못하게 했다. 결국 그는 8개월 만에 걸어서 퇴원할 수 있었다.

그는 이런 말을 남겼다. "마음이 있으니 다른 모든 것은 통제할 수 있다. 내 목표와 미래상을 방해하는 것은 어떤 것도 마음에 끼어들도록 용납하지 않겠다. 사람은 자기가 생각한 그대로 된다." 그를 치료하던 의사들은 이 기적을 설명할 길이 없었다.

천천히 일어서서 절뚝거리며 그가 걷는 장면을 말없이 아들에게 보여주었다. 그리고는 물어보았다.

"재혁아, 이 영상 보니까 어떤 생각이 드니?"

"정말 이 사람이 걸었대?"

"응, 이 사람은 비행기에서 추락해 척추가 다 부서졌대. 의사가 평생 눈만 깜빡이며 살 거라고 했는데도 자기가 걸어서 병원을 나간다는 생각을 포기하지 않았어."

"대단하네."

"재혁아, 그러니 우리도 생각을 항상 긍정적으로 할 수 있는 곳에 초점을 맞추자. 알았지?"

"정말 그게 가능할까?"

"그래. 우리 재혁이랑 엄마는 반드시 잘 극복해낼 수 있을 거야."

"…."

내가 여기서 무너지면 아들은 더 힘들 것이다. 아무렇지 않게 강하게 괜찮을 것이라 생각하기로 결심했다. 이 결심의 유지가 쉽지만은 않았다. 수도 없이 계속 마음속으로 반복하며 외쳤다.

저녁 회진 때 신경외과 의사가 한 말에 쇼크를 먹었을까봐 담당의사가 들렀다. 그는 우리 아들 나이만한 자녀가 있기에 신경을 많이 써주었다. 매일 수시로 병실에 와서 아이의 상태를 체크했다. 레지던트들이 조치들을 잘 취하고 있는지 지시도 잘 내려주었다.

"낮에 신경외과 의사가 다녀가셨죠?"
"네."
"기분이 어떠세요?"
"아무렇지 않아요. 괜찮습니다. 받아들여야죠."
"어머님은 참 긍정적이시네요."

이 상황에서 내가 어떻게 대답을 해야 했을까? 의사선생님 멱살을 잡고 우리 아이 살려 달라고 해야 할까? 아니면 병원 물건을 던지며 막 울어야 할까? 그 어떤 부정적인 반응도 도움이 되지 않는다고 생각했다. 갑자기 몰아닥친 이 새로운 삶이 내 안으로 들어온 것은 뭔가 의미가 있다고 생각했다. 그렇게 생각해야만 했다. 그럼에도 불구하고 내면에는 가시지 않는 걱정이 스멀스멀 올라와 나를 괴롭혔다.

저녁에 모르는 여자가 병실을 방문했다. 사고를 낸 트럭기사의 딸이었다. 트럭기사는 이혼을 하고 딸과 함께 살았다. 젊은 아가씨가 피자를 한 판 들고 왔다. 이제 병원에서 정상식사를 하게 된 아들이 피자를 보며 즐거워했다. 나는 잠시 그 여자와 이야기를 나누었다. 좋은 얘기를 하려고 애썼다. 자기도 곧 결혼을 한다고, 아이가 다쳐서 얼마나 힘들겠냐며 위로해주고 갔다. 남편이 퇴근하고 병원에 왔는데 피자를 보더니 넌지시 물었다.

"이거 뭐야?"

"응, 트럭기사 딸이 왔었어. 재혁이 먹으라고 가져 왔던데⋯"

"뭐, 이걸 받았어?" 남편이 불같이 화를 냈다.

"왜, 이거 먹으면 안 되는 거야?" 나는 먹은 걸 후회하며 물었다.

"지금 그 사람들은 교통사고 합의해 달라고 하는 거야. 자기가 한 행동은 생각도 안 하고 그냥 합의를 해 달라고 하는 건데. 그것도 모르고….”

"아, 그런 상황이었어?" 나는 아무것도 몰랐는데 괜히 남편에게 미안했다.

작전이라도 짠 듯 연이어 교통사고를 낸 트럭기사가 병실로 들어왔다. 불안한 기운이 돌았다. 의사를 만나고 온 남편이 트럭기사를 보더니 화를 냈다. 밖에 나가서 얘길 하는 것 같았다. 같이 병실에 있는 보호자들도 안 좋은 기운을 감지했다. "애기 엄마, 저 사람이 교통사고 낸 트럭기사야?"

남편이 계속해서 합의를 해달라는 트럭기사의 요구에 잘 대응한 듯했다. 하지만 어떤 말이 오고 갔는지 자세히는 물어 보지 않았다. 남편도 직장일 하고 병원에 오느라 얼마나 힘들었을까.

침실에 계속 누워서 통깁스를 하고 있는 아들과 할 수 있는 일은 얼굴 보고 얘기하는 것뿐이다. 병원 밥이 나오면 먹고, 검사하라고 어디로 가라면 가고, 밤이 되면 일찍 잤다. 병원에서 생활하는 시간이 길어질 것 같다. 보호자 의자에 쪼그라뜨리고 자면서 수많은 환자들을 보며 생각했다. 건강한 몸으로 사지 멀쩡하게 집에서 생활할 수 있는 게 얼마나 큰 행복이었는지를….

슬픔이나 좌절이 생겼다 해도,
해가 지기 전에 반드시
즐겁게 보낼 시간을 따로 마련하라.

얼 나이팅게일

그래! 해 보는 거야!

사고를 당한 우리 둘째 아들은 평소에 나를 많이 안아줬다. 마치 어른이 나를 위로해주는 것처럼 등을 토닥토닥 거리며 마음의 얼음을 녹여준다.

"엄마, 내가 엄마를 위로해줄게."

"재혁아, 너는 어쩜 다른 사람들을 그렇게 잘 배려하니?"

"엄마가 지금 힘든 상황에 처해 있잖아."

"어떤 게 힘든 상황인데?"

"집에 가지도 못하고 하루 종일 나랑 병원에서 병원 밥 먹고, 쪼그려서 잠자고, 새벽에도 일어나서 내 소변 통도 갈아줘야 하잖아."

"그래도 엄마는 재혁이가 옆에 있어서 네 미소를 보는 것만으로도 만족해."

"엄마, 내가 엄마 위로해줄게."

"네가 나를 위로해주는구나. 고맙다. 재혁아 너는 천사다."

어린아이 같지 않은 우리 아이. 이 아이는 나를 가르치러 온 천사인가. 툭툭 한마디씩 던지는 말들이 나에게 큰 깨달음을 준다. 이런 아들이 내 옆에 있다는 것만으로도 감사하다. 아들이 다치기 전에 김연아 선수가 세계선수권대회에서 1등을 한 경기를 본 적이 생각나 아들에게 물었다.

"재혁아, 피겨 스케이팅 경기 본 거 기억나?"

"어, 기억나지. 엄마가 그거 봐야 한다고 슈퍼에서 막 달려왔잖아."

"재혁이는 기억력도 좋네. 뭐든지 혼자 스스로 해보려는 아이였던 재혁이지?"

"어, 엄마. 나 혼자 심부름하겠다고 슈퍼에 갔다 와서 엄마한테 띵동띵동 문 열어 달라고 했잖아."

"그래. 엄마는 그런 재혁이가 자랑스러워."

"그런데 김연아 선수 얘기는 왜 꺼내는 거야?"

"김연아가 저렇게 세계 최고의 선수가 되기까지 끊임없는 허리 통증에 시달려야만 했대. 너무 아팠대. 허리에다 부황을 뜨고 피를 뽑으며 엄마한테 너무 힘들어 선수 생활을 그만두고 싶다고 얘기까지 했다지 뭐야."

"그래서? 그런데 어떻게 그렇게 세계적인 선수가 될 수 있지?"

"그건 말이야. 때로는 넘어지기도 했어. 부상을 당해 통증이 너무 심했지. 때론 허리에다 테이프를 감고 경기에도 출전했어. 그런데 김연아는 절대 포기하지 않았어. 넘어지기도 하지만 툭툭 털고 일어나면 그만이라고 하더라. 그리고 자신의 모습이 빙판 위에서 그 무엇보다 아름다울 것이라고 믿었어. 자신이 빙판 위에 서 있는 존재의 이유라고 생각한 것이 결코 포기하지 않는 정신이야."

"엄마, 포기하지 않는다는 게 뭐야?"

"응, 재혁아, 있잖아. 어떤 일이 일어나도 내가 하고자 하는 꿈을 절대로 놓치지 않는 거란다. 우리 재혁이도 그런 꿈을 찾았으면 해."

"지금, 이 상황에서 엄마, 나의 꿈은 유치원에 가서 애들하고 놀고 싶은 거야."

"여름에 유치원 마당에서 물놀이 할 때 너무 재미있었어. 애들은 지금 무얼 하고 있을까? 엄마, 나 유치원에 가고 싶어."

매일같이 암 환자가 수술을 하고 더불어 삶과 죽음의 경계를 넘나드는 수많은 사건들을 병실에서 지켜보았다. 하지만 아이를 위해 긍정적인 생각을 하자고 마음먹고 나서부터 '그래! 해 보는 거야!'라고 다짐했다. 아이에게 바깥바람을 쐬어주고 싶다고 했더니 집에서 안 쓰는 유모차를 남편이 가져 왔다. 그걸 쭉 펴서 침대처럼 만들어 아이를 옮겨 태우고 병원 나들이를 하기 시작했다. 병실에 갑갑하게 갇혀 있는 것보다 아들을 데리고 병원 이곳저곳 구석구석 산책을 하니 기분이 좀 나아졌다.

매일 들르는 빵집, 그네가 있는 바깥 풍경, 수많은 사람들이 오고가는 병원 안내 데스크, 편의점 등 병원 안에서도 삶이 흘러가고 있었다. 아들과 나는 매일같이 바깥을 구경할 수 있어서 좋았다. 그동안 누리고 있던 자유가 누군가에게는 간절히 바라는 기도가 될 줄은 꿈에도 몰랐다.

다른 면에서도 긍정적으로 생각해보기로 했다. 우선 집안일 걱정에서 자유로워져서 좋았다. '그리고 뭐가 더 있더라.' 먹고 싶은 거 먹고, 읽고 싶은 책도 읽고 하는 생활도 그리 나쁘진 않았다. 그러고 보니 힘들기만 하고 슬프기만 했던 우리 모자의 병원 생활이 생각보다 괜찮았다.

사람은 갑작스럽게 큰 고통에 직면했을 때,

비로소 자신이 살아 있다는 사실을

생생하게 떠올리게 된다는 것을.

뭔가를 이루기 위해 전속으로 달리는 것보다

곁에 있는 이의 손을 한 번 더 잡아보는 것이

훨씬 값진 일이라는 것을.

위지안

동그란 바퀴의 마법

"재혁아, 혹시 네가 어렸을 때 형이랑 홍천 워터파크에 간 거 기억나?"

"아니, 잘 기억 안 나."

"그때 형이 일곱 살이고 너는 세 살이었어."

"그런데 그 이야기는 왜 꺼내는 거야? 엄마."

"있잖아. 그때 엄마가 너를 돌보느라 형이 막 돌아다니는 것을 돌보지 못했어. 엄마는 엄마 친구들과 같이 갔기 때문에 친구들이 봐줄지 알았어. 당연히 네 형이 안전하게 돌아다니는 거라고 생각했어. 그런데 어느 순간 형아가 없어졌어. 그때 공포와 두려움, 불안 등이 아직도 잊히지 않아."

"그 이야기를 왜 꺼내는데?"

"엄마도 그런 경험이 있었거든. 어렸을 때 외할머니와 시장에 갔는데 글쎄 그때 당시 엄마의 엄마였던 할머니께서 사라지신 거야. 홀로 외딴 섬에 갇힌 기분이었어. 엄마를 잃어버려 공포, 불안, 외로움, 두려움이라는 감정을 느꼈어."

"그런데 어떻게 할머니를 찾았어?"

"할머니가 장을 보시다가 엄마 손을 놓친 거였어. 그런데 조금 있다가 바로 엄마 곁에 와서 손을 잡아주시는 거야. 그때의 안도감은 이루다 말할 수가 없었어. 네 형아도 엄마 같은 경험을 했는데도 침착하게 미아보호소에서 어떤 아주머니의 손을 꼭 잡고 왔단다. 그래서 엄마가 형이랑 만났을 때 아주 칭찬을 해주었지. 이렇게 도움을 요청하고 아주머니께 울며 소리친 것은 정말 잘한 거라고 말이야."

"형이랑 엄마가 완전히 괴로운 경험을 했네. 나 지금 짱구 보고 있는데 이 이야기는 왜 꺼내는 거야?"

"응, 있잖아. 미국에 슈퍼맨 닥터 리라는 분이 계시는데. 그분은 일곱 살 때 미국으로 이민을 갔어. 생김새가 미국인과 다르고 영어도 못하고 완전히 낯선 상황 속에서 길을 잃은 것처럼 공포, 불안, 외로움을 느꼈지. 커가면서 이단평행봉 국가대표가 되어 금메달을 따는 꿈을 이루려고 했는데 이단평행봉에서 잘못 떨어져 전신마비가 되었어. 그런데 그분은 큰 장애물을 극복하고 재활의학과 의사가 되었어."

"그래, 엄마 나한테 지금 의사 되라고 하는 거야?"

"아니. 그건 아니고. 사실 네 이름 지을 때 재혁이란 이름이 의사가 많다고 해서 짓긴 했지."

"그래서 엄마가 이 이야기를 하는 이유가 뭐야?"

"있잖아. 재혁아. 살면서 우리가 겪는 모든 경험은 다 의미가 있단다. 엄마를 잃어버린 경험, 사고를 당하고, 자연재해가 닥치고, 수많은 사람들이 고통을 겪는 면이 다들 누구에게나 있어."

"그런데?"

"재혁이도 지금 이렇게 누워서 병원에 있지만 이 모든 고통들이 나중에 큰 행복으로 올 거라 생각해서 이런 말을 하는 거야. 고통과 장애를 뛰어넘으면 예전에는 보이지 않았던 큰 행복들이 보이게 될 거야."

"알았어."

병원에 있는 동안 평소하지 못했던 대화와 소통 그리고 교감을 많이 나누었다. 지금 이 상황이 행복인지 불행인지 누가 알겠는가? 아무도 모른다. 그냥 지금 우리는 병원에 있다고만 말하는 것이 진실이다.

평소 무뚝뚝하고 말이 없는 남편은 아이의 사고 후 말이 많아졌다. 불안해서일까? 걱정이 많이 되었을 것이다. 회사가 끝나고 병원에 오면 먼저 담당의사를 만나 아이의 상황부터 물어보았다. 분명 좋은 말을 들은 것은 아니었을 것이다. 그럼에도 불구하고 얼굴에는 부정적인 감정을 표출하지 않았다. 항상 밝은 얼굴로 병상에 누워 있는 다섯 살 둘째를 맞이했다. 남편도 마음이 불편했을 것이다. 분명 의사로부터 이 아이의 미래 상황을 전해 들었는데 그리 좋은 말은 해주지 않았을 것이다.

"재혁아, 오늘은 뭐 하고 놀았어?" 아빠가 아이에게 물었다.

"응, 하루 종일 만화 봤어. '짱구는 못 말려' 아주 웃겨." 아이가 해맑은 웃음으로 대답했다.

아들이 다치기 전에는 서로 얼굴을 맞대고 이렇게 웃는 날이 많지 않았다. 아들이 놀아달라고 떼를 쓰면 집안 일 하느라 바쁘다며 얼굴도 쳐다보지 않았다. 바쁜 일상 속에 아이와 단 둘이 얼굴을 맞대고 이렇게 서로 봐준 적이 있었나 싶을 정도였다. 하지만 병원에서는 하루 종일 아이와 붙어서 얼굴을 바라보며 미소지었다. 속마음은 미래에 대한 걱정으로 하루도 편할 날이 없었지만 아이와 웃을 수 있다는 것은 큰 축복이었다. 살아 있는 것만으로도 감사했다.

남편은 부쩍 좋은 글귀, 긍정적이고 희망을 주는 말들을 적어와 병실에 붙여 놓았다. 그런 남편을 보면서 희망을 찾고 기적을 갈구하고 있다고 느꼈다.

"어떤 일이 있어도 우리는 재혁이를 위해서 좋은 것만 상상하는 거야." 남편이 벽에 붙여놓은 글을 가리키며 나에게 훈계했다.

"아주 좋은 글이네. 고마워. 그래 우리도 아이를 위해서 좋은 생각만 해야 해. 걱정하고 우울해하고 불안한 생각을 가지고 있으면 재혁이에게도 안 좋아. 잘될 거야." 마음속으로는 아이의 미래가 걱정되었지만 남편의 정성과 좋은 글귀를 보면서 힘을 냈다.

하지만 병원에만 누워 있는 상황이 지속되다보니 둘째도 지루하고 엄마인 나도 지쳐갔다. 통깁스를 풀고 난 후 크리스마스가 다가왔다. 벌써 병원에서 생활한 지 한 달이 넘었다. 담당의사는 춥다고 유모차 가지고 어디 밖에 나가면 안 된다고 했다. 하지만 크리스마스라 바깥세상이 궁금했다. 추운 겨울의 크리스마스 장식과 다채로운 거리의 불빛들을 구경하고 싶었다. 그래서 물어봤다.

"의사 선생님, 저희 가족 네 명, 아주 꽁꽁 싸매고 밖에서 산책하면 안 될까요? 의사 선생님 제발 부탁입니다." 내가 간곡하게 요청했다. 우리에게는 네 개의 바퀴가 달린 유모차가 있다. 재혁이를 태우고 담요를 여러 겹 덮어서 나갈 수 있었다. 사고가 난 후 한 달 반 만에 가족 외출이다. 휠체어를 제작하기 전 임시로 쓰는 유모차가 있기에 가능했다.

"재혁아, 오랜만에 밖에 나오니까 어때?"

"엄마, 너무 좋아. 밤이 깜깜한데 크리스마스 트리 전구에서 나오는 불빛 때문에 밖이 환해." 아들이 즐거워하고 신나서 대답했다.

"엄마, 아빠, 형아, 우리 매일 저녁 이렇게 밤에 의사 선생님한테 허락 받고 나오면 안 될까?"

"그래, 재혁아. 이제 깁스도 풀었으니 우리 가족 밖에 자주나오자." 그러지 못할 걸 알면서도 이렇게 대답해주었다.

"엄마, 재혁이 언제 퇴원해?" 아홉 살 큰아들이 물었다.

"어, 아직 모르겠어. 언제가 될지. 집에 혼자 있느라 불편하지? 그래도 우리 큰아들이 장하네. 혼자 꿋꿋하게 잘 견뎌서. 학교는 잘 가고 있지?"

"어, 엄마. 학교 끝나면 할머니 집에 가서 밥 먹고 아빠가 저녁에 오면 데리고 가서 같이 자. 그런데 아빠가 자기 전에 항상 기도하자고 그래. 아빠는 종교도 없잖아."

"어? 아빠가 정말 그래?" 나는 속으로 우리 남편이 얼마나 아이의 회복이 절실했으면 '기도를 해본 적이 없는 사람이 기도를 할까'라고 생각했다.

병원에서 첫 외출로 약간의 희망이 생겼다. 동그란 바퀴로 밖을 나갈 수가 있네. 비록 아이가 아직 회복이 안 되었지만 앞으로 좋아질 것이라고 긍정 또 긍정했다. 하지만 마음속에서 일어나는 불안한 기분들을 무시할 수가 없었다.

그렇다. 너무 앞만 보고 달려오느라 아이의 손을 잡고 눈을 바라봐 주지 못했다. 어쩌면 아이의 눈을 보고 웃으면서 이야기하는 것이 훨씬 더 값어치 있는 일이니 그렇게 하라고 이 상황을 만드신 게 신의 계획이 아니었을까 하는 생각이 든다. 다른 어떤 것보다 아이와 같이 놀아주거나 손을 잡고 사랑을 느끼는 것이 얼마나 중요한지 다시 한 번 깨달았다.

이제는 우리 아이에게 휠체어가 필요하다고 의사는 말했다. 아이의 체형에 맞게 제작해야 한다고 한다. '그래, 휠체어가 다리가 되어줄 수 있겠지.' 어떤 미련도 갖지 말고 아이를 위해 마법을 선사해줄 수 있는 바퀴라고 마음먹었다. 그동안 나의 눈에 보이지 않았지만 이곳에 있어 보니 수많은 사람들이 휠체어를 타고 다녔다. 너무 나에게 필요한 것만 바라보려 한 것은 아니었나 싶다. 나 스스로 반성을 하게 된다. 동시에 이제는 달라지지 않을 현실을 있는 그대로 받아들이기로 했다. 새롭게 맞이하는 현실이 나와 우리 아이, 그리고 우리 가족에게 또 다른 마법이 될 수 있기를 기대하면서….

세상에는 네모가 너무 많아!

세상은 고난으로 가득하지만,
고난의 극복으로도 가득하다.

헬렌 켈러

재 활 병 원   교 과 서

우연히 <명의>라는 텔레비전 프로그램을 봤다. 국내에서 최고로 꼽히는 재활병원 교수님이 등장했다. 남편과 함께 보면서 아들을 꼭 그 의사에게 데려가겠다고 생각했다. 클론의 강원래 씨도 그 병원에서 진료를 하는 것으로 알고 있다. S 종합병원에 근무하시는 S 교수님의 진료를 예약하여 남편이 찾아갔다.

이 재활병원은 전국에서 진료를 보려고 대기하기 때문에 기다리는 시간이 길었다. 남편이 아이의 상황을 설명하고 입원을 시켜달라고 말했다. 일명 호랑이 교수님이라 불릴 정도로 엄하고 무서운 분이라고 텔레비전에서 비췄기 때문에 남편도 긴장했다.

"아이의 MRI 사진입니다." 남편이 가지고 간 병원 기록들을 보여주었다.

"아이는 앞으로 걸을 수 없습니다. 휠체어에 평생 의지해서 살아가야 합니다. 아이라서 상황이 어떻게 될지는 모릅니다. 하지만 신경이 마비된 상태로 건강한 생활을 유지하는 것이 재활의 목표입니다. 우리 병원은 환자들이 대기하는 기간이 깁니다. 그렇게 알고 지금 입원해 있는 병원에서 연락이 갈 때까지 기다리세요."

의사는 교과서처럼 아주 딱딱하게 대답했다. 워낙 무섭고 사납고 직설적이라고 소문이 난 의사 선생님이기에 남편도 당황했다. 어떤 아이의 엄마는 너무 직설적으로 아이가 절대 못 걷는다고 들었는데 대기 중이던 남편이 우는 모습까지 봤다고 말했다. 남편도 그 상황을 보며 의사가 어떤 말을 할 것이라는 걸 예측했다. 그래도 우리 부부는 한 줄기 희망이란 걸 가졌다. 세상에는 기적도 많다. 이런 기적이 우리 아이에게 오지 않을 리 없다. 그땐 그런 생각이 들었다.

남편이 병원에 입원해 있는 아들과 나를 보러 저녁에 와서 낮에 S 병원에서 있었던 이야기를 해줬다. 나는 약간 무서웠다. 인터넷을 찾아보니 호랑이 교수님이라고 소문이 나 있었지만 환자를 아주 잘 보신다는 평이 있었다. 가뜩이나 불안한데 그 병원으로 옮기는 것이 꺼려졌다. 하지만 선택의 여지가 없었다. 이곳 재활병원은 입원이 오래 되지 않았다. 수많은 대기자들을 받으려고 환자를 빨리 퇴원시켰다. 규정에도 재활병원에는 1개월 이상 입원하지 못한다.

재혁이도 함께 텔레비전 프로그램을 보고 있었다. 앞으로 저 호랑이 선생님을 봐야할 것 같은 예감이 들어 재혁이에게 물었다.

"재혁아, 지금 텔레비전에 나오는 재활의학과 교수님 어떻게 보이니?"

"그냥 그래."

"왜? 엄마는 아주 무서워 보이는데. 호랑이보다 무서운 의사

선생님으로 소문이 나서 보호자들과 환자들이 벌벌 떤다고 나오네."

"엄마, 그건 그냥 겁주기 위해서야."

"네가 어떻게 알아?"

"그건 의사가 그렇게 해야 보호자들이 말을 듣기 때문이지."

"오호라. 우리 재혁이는 아는 것도 많네. 아빠가 그 교수님께 진료를 의뢰하러 갔어."

"엄마, 나 그냥 집에 가면 안 돼? 나 유치원에 가고 싶어. 애들이랑 유치원 마당에서 놀고 싶어."

"그래 엄마도 빨리 집에 가고 싶다. 벌써 병원에 입원한 지 3개월이 지났으니 오죽 집에 가고 싶겠니?"

"병원 생활도 뭐 그리 나쁘지는 않은데 답답하고 물리치료 받는 것도 재미없어."

"재혁아, 우리 좀 더 참아 보자. 아빠가 S 병원에 다녀오면 어떻게 집에 가야 할지 아니면 재활을 더 받아야 할지 알게 될 거야."

"엄마, 나 형아랑 같이 여행도 가고 싶고, 워터파크도 가고 싶어. 여기저기 이 병원 저 병원 돌아다니는 게 싫어. 하루 종일 지루해."

"책이라도 볼까?"

"아니, 그건 싫어. 그냥 텔레비전이나 볼래."

　재활병원 생활은 단순하다. 정해진 시간표대로 학교에서 수업을 받는 것과 같다. 1교시는 물리 치료, 3교시는 작업 치료, 5교시는 운동 치료 등이 있다. 매일 똑같이 짜인 시간표에 아들과 나는 최대한 열심히 치료에 임하려고 노력했다. 움직이지 않는 다리를 불수의적으로 움직여줘야 한다. 병원 생활이 장기화될 것 같다. 이번에는 큰애와 남편이 학교와 회사가 끝나면 이곳으로 퇴근했다. 우리 가족은 매일 그렇게 만났다 헤어졌다를 반복했다. 저녁이면 네 가족이 병원 매점을 돌며 사발면을 사 먹고 맛난 것들도 먹으며 그렇게 하루에 있었던 이야기꽃을 피웠다.

　이곳 병원에서 맞추라고 하는 휠체어를 더 전문적으로 잘하는 S 재활병원에 가서 맞추고 싶었다. 드디어 S 재활병원 병실에 자리가 났다. S 병원으로 옮기고 직접 그 무서운 호랑이 선생님을 다음 날 아침에 만나게 되었다.

　아침에 회진을 도는 시간이면 모든 환자와 보호자들이 긴장을 했다. 마치 전쟁을 기다리는 느낌이었다. 그런데 우리 재혁이는 아주 평안해 보였다. 호랑이 선생님께서 재혁이를 보러 오셨다.

"하루 입원해 보니 어때요?"

"물리 치료 스케줄이 많아서 그렇지, 괜찮습니다. 선생님."

"우리 아들은 이름이 뭐예요?" 호랑이 선생님이 재혁이에게 질문했다.

"…"

우리 아들은 안면몰수 했다. 교수님께 이렇게 대한 사람은 한 명도 없었는데 우리 재혁이가 교수님을 한방 먹인 것이다. 교수님 때문에 아침 회진시간이면 모든 사람이 긴장하고 혼나고 교수님의 불호령을 들어야 했는데 재혁이는 교수님의 권위에 정면으로 대항했다. 병원에서 재혁이는 영웅이었다. 시니컬하게 누가물어도 대답하지 않고 묵묵부답으로 일관한 재혁이 덕분에 병원 생활이 무서움에서 활기참으로 변했다.

작업치료사 선생님이 아이의 체형을 재서 이제는 휠체어를 맞추어야 한다고 말해주었다. 우리나라에서 제작되는 것은 잠시 사용하기에는 좋다. 하지만 재혁이처럼 장기간 사용해야 하는 휠체어는 다리를 대신해야 하기에 튼튼해야 한다. 시간이 걸리더라도 독일에서 주문 제작했다. 휠체어가 한국으로 오는 시간이 많이 걸리기 때문에 S 재활병원에 있는 소아용 휠체어를 빌려서 탔다.

드디어 처음으로 아들의 다리가 생기는 날이 되었다. 처음으로 자신의 몸에 딱 맞는, 스스로 조절할 수 있는 휠체어를 받았다. 아들은 원래 이 휠체어를 밀기 위해 태어난 것처럼 정말 운전을 잘했다. 휠체어 램프같이 경사진 곳도 올라갔다. 어디든 이제 다 갈 수 있다. 아들은 병원 입원 생활 5개월 동안 아주 답답해했다. 하지만 묵묵히 인내하고 잘 참아주어서 엄마로서 고맙다. 이제는 아무데나 갈 수 있는 자동차 장난감처럼 자신이 가고 싶은 곳을 휠휠 날아갔다. 해방이라는 걸 느꼈을 것이다. 그 모습을 보면서 애잔하기도 하면서 다행이라고 생각했다.

이젠 스스로 어디든지 갈 수 있으니 움직임이 한결 더 많아졌다. 재활병원 치료 시간표대로 생활하고 저녁에는 내가 과외로 운동을 더 시켜주었다. 재활병원엔 수많은 사연의 사람들이 입원

한다. 스키를 타다가 척추를 다쳐서 온 사람들, 교통사고로 온 사람들, 척추에 갑자기 염증이 생겨 마비된 아이들과 대학생 누나들, 대학교 엠티 갔다가 사고가 난 사람, 다리가 절단된 환자, 척추에 암이 걸려온 사람들, 평소에는 볼 수 없었던 광경을 병원에서 경험하게 된다.

우리 아들의 침대 앞에 누워 있는 50대 아저씨는 근육질이었다. 항상 경쟁하는 걸 좋아해 우리 아들과 물먹기 시합을 해도 이기려고 애쓴다. 이 아저씨는 척추에 암이 생겨 잘 걷지를 못한다. 저녁마다 커튼을 가린 채 그 아저씨의 아내와 다투는 소릴 들어야 했다. '아저씨가 아픈데 왜 저렇게 매일 싸우는 것일까?' 남들에게는 웃으면서 대하는 아저씨인데 아내가 오면 그렇게 말로 비난하고 시비를 걸어 아내와 싸웠다. 이 아저씨를 위해 이벤트라도 해줘야 할 것 같았다.

지인 중에 웃음치료사가 있다. 그래서 병원으로 방문해 우리 병실 1203호에서 웃음 치료 강의를 해달라고 요청했다. 재활병원 교과서대로라면 이런 활동은 하면 안 된다. 왜냐하면 병원 생활은 딱 짜인 틀에 맞추지 않으면 호랑이 교수님한테 혼날 것이기 때문이다. 하지만 나는 척추암에 걸린 근육질 아저씨를 행복하게 해주고 싶었고 동시에 우리 아들에게도 좋은 이벤트가 될 것 같아 웃음치료사를 불렀다. 흔쾌히 와 주겠다고 대답했다.

지인 분이 열정으로 웃음 강연을 하셔서 병실은 곧바로 기쁨의 도가니가 되었다. 스피커를 크게 틀고 춤을 추고 아저씨도 신이 나서 우리 병실은 곧 환한 무도회장이 되었다. 문을 닫고 기쁨의 순간을 느끼며 행복해서 아저씨도 너무 좋다고 '엄지척'을 해주었다. 다른 병실에서 이게 무슨 소리인가 싶어 구경을 왔다. 수간호사는 난리가 난 줄 알고 황급히 달려왔다.

"여기서 뭐하시는 거예요?" 당황한 눈빛으로 물어 왔다.
"우리 병실 환자들을 위해 웃음치료 공연을 하는 건데요." 나도 약간 당황하고 미안해하며 대답했다.
"병원 규칙상 이런 행동은 절대 안 됩니다."

앞날이 어떻게 될 줄 모르는 암 환자에게 그리고 그 환자는 너무도 불행하게 아내와 싸우고 다투고 해서 뭔가 분위기 전환이 필요했다. 평소 드라마를 잘 챙겨보아 이런 이벤트가 생애 아주 좋은 기억으로 남을 것 같아 준비했다. 드라마에서는 이런 이벤트를 하지 않던가. 이 삭막한 병원 규칙을 어겨서라도 모두들 즐거워하는 모습을 보고 싶었다.

우리 병실 사람들은 즐거워했고 그 사건 이후로 병실이 가족같이 편안한 곳으로 바뀌었다. 아저씨의 검사결과가 좋게 나왔다는 소식을 호랑이 선생님에게 듣는 날이면 저녁은 치킨 파티였다. 이때도 간호사들이 몰려와 저지하기 일쑤였다. 뭐 이리 병원에 제약이 많은지, 답답한 학교 같았다.

하지만 그 안에서도 이런 소소한 즐거움이 끊이질 않았다. 재활병원에서의 생활은 즐거움과 긴장과 약간의 지루함의 연속이었다.

세상에는 네모가 너무 많아!

희망은 날개 달린 것,

영혼에 내려앉아 가사 없는 노래 부르네.

그치지 않는 그 노래.

에밀리 디킨스

아 이 의 손 잡 이 를 놓 지 마 라

/

드디어 아들 몸에 딱 맞는 휠체어가 독일에서 배달되었다. 조그맣고 아담한 크기의 휠체어였다. 아들은 자신의 다리가 되어줄 동그란 바퀴 두 개가 달린 휠체어를 보며 미소를 지었다. 마치 자신의 자동차가 배달된 것처럼 휠체어를 타고 이리저리 손으로 손잡이를 운전하며 돌아다녔다. 휠체어가 달리는 속력이 빨랐다. 하지만 다섯 살 아들은 겁이 없었다. 빨리 달리든 경사를 내려가든 자신감 있게 마치 스키를 타듯 자유롭게 달렸다. 나는 불안했다. 아무도 없는 곳은 괜찮은데 사람들이 많이 다니는 곳은 위험하다. 나는 항상 긴장하고 있어야 한다. 아이의 브레이크가 되어줘야 할 것 같았다.

"재혁아, 살살 타야 해. 너 이 휠체어 처음 타보는 거잖아."

"어, 엄마. 그런데 재미있어. 이제 나도 어디든지 갈 수 있겠어. 자유를 얻은 것 같아."

"그래 그건 그렇지만, 어떻게 다섯 살짜리 아이가 이런 휠체어 램프를 올라갈 수 있냐?"

"엄마 쉬워. 그냥 올라가면 돼."

"엄마는 팔 힘이 부족해서 안 될 것 같은데?"

"엄마, 나 운전 잘하지?"

"그래, 우리 아들 최고로 휠체어 운전 잘한다. 이제 네 자동차가 생겼으니 마음껏 돌아 다니거라."

마음이 아팠다. 휠체어를 타고 생활한다는 것이 무슨 의미인 줄 알기에 미래가 그려져 더욱 마음이 착잡하다. 하지만 우리 아들은 꿋꿋이 잘 살고 있다. 하루를 그냥 허투루 보내는 것이 아니라 이제는 휠체어를 통해 더 넓은 세상으로 여행을 하려고 했다. 아들이 씩씩하게 잘 견뎌주어서 엄마로서 감사할 따름이다.

휠체어에는 브레이크가 있다. 바퀴를 고정할 수 있는 브레이크는 두 바퀴가 어디로 달아나지 않게 고정해 준다. 하지만 달리고 있을 때 제어할 수 있는 브레이크 장치는 손이다. 아이가 스스로 손으로 동그란 바퀴에 부착된 알루미늄의 동그란 손잡이를 강하게 잡아야 한다. 아들은 그것도 알아서 잘 제어했다. 항상 위험에 노출될 수 있기 때문에 엄마는 긴장하며 아이의 휠체어 손잡이를 잡고 끌어줘야 했다.

주변을 잘 살폈다. 사람이 많이 탄 엘리베이터 안에서는 혹시 사람들이 휠체어에 부딪히지 않을까 조심해야 했다. 신경을 항상 곤두세우니 두통도 자주 오고 긴장하고 다니니 어깨와 목은 뭉쳤다. 나 혼자 아들의 재활을 위해 병원 곳곳을 다니느라고 마음 고생이 많았다. 하지만 새로운 다리가 무척이나 마음에 드는 것처럼 아이는 휠체어를 타고 너무나도 해맑게 다녔다.

"엄마, 내가 혼자 이 내리막길을 휠체어로 가볼게."

"재혁아 위험해."

"아니야. 엄마 난 할 수 있어."

"그래 그러면 브레이크를 살살 잡으면서 내려가. 엄마가 항상 네 뒤에서 따라갈게. 너무 걱정 말고."

"알았어. 잘 봐."

"그래 엄마 뒤에 있다."

"엄마 이렇게 나 잘할 수 있지?"

"그래 우리 재혁이 운전 참 잘하네. 엄마가 손잡이를 놓고 있는데도 잘 가네."

호랑이 선생님이 우리 아이가 휠체어를 혼자 밀고 씽씽 나가는 것을 보고 보호자인 나에게 한마디 했다.

"아이를 혼자 놔두면 안 됩니다. 항상 지켜보세요. 아이의 손잡이를 놓지 마세요."

"네, 알겠습니다. 교수님!"

"재혁아 의사 선생님이 너 혼자 그렇게 씽씽 다니면 안 된대. 엄마 옆에 항상 있으래."

"괜찮아. 나도 잘 살피면서 다녀. 걱정 마 엄마."

아이가 나를 위로해준다. 항상 든든하게 내 마음 어느 자리에서 원래 존재하는 사랑을 어디 도망 못 가게 해주었다. 호랑이 선생님께서 어딜 가나 감시하는 것 같아 답답한 상황이다. 의사는 아이가 혼자 다니면 위험하니까 휠체어를 엄마가 밀어주라고 충고한 것이다. 의사 선생님의 걱정되는 마음은 알지만 자유로운 걸 좋아하는 아들은 자유롭게 휠체어를 타고 날아다니고 싶다.

나는 아들 뒤에서 열심히 뛰며 지켜보았다. 아이가 혼자 할 수 있다는 자존감을 크게 심어주어야 한다는 것이 내 육아의 첫 원칙이었다. 스스로 자신감을 기르는 것이 세상 사는 데 무척 중요하다. 우리 아들에게는 용기가 특히 더 필요할 것 같다는 생각이 문득문득 떠올랐다. 그래서 아들의 손잡이는 중요하다. 왜냐하면 그걸 밀어주는 사람 없이는 아이는 이 험한 세상을 혼자 헤쳐 나갈 수 없기 때문이다. 나는 아들의 손잡이가 되어줘야 했다. 아들에게 엄마가 있다는 것이 얼마나 감사한가. 아이에게 내가 없으며 앞으로 살아가는 데 얼마나 힘이 들까. 이 현실이 답답했다. 가슴 속으로 매일 울었다. 겉으로 표현하지 않았을 뿐이다. 아들이 저렇게 된 데에 대해 어떻게 아무렇지 않게 살 수 있겠는가?

우리 병실 재혁이 옆 침대의 아주머니는 마음껏 돌아다니는 아이를 보며 늘 부러워한다. 아주머니 남편은 대기업 중역이었다. 몇 년 전 교통사고가 크게 나서 전신마비가 되었던 것이다. 욕창이 크게 번져 뼈까지 감염이 되어 재활병원에 치료받으러 왔다. 욕창이 생기기 전에는 전동 휠체어를 타고 바닷가에 가서 회도 먹고 잘 돌아다녔다고 한다. 하지만 이제는 꼼짝 없이 병원에 누워 있으니 우울하다고 말했다. 얼굴도 그리 밝아 보이지 않았다. 아주머니에게 어떠한 위로가 될 수도 없는 상황이 안타까웠지만 나도 내 감정의 무게를 이겨낼 수 있는 에너지가 많지 않았다.

어느덧 재혁이에게 병원에서 친하게 지내는 친구들이 생겼다. 이 아이들도 각각 척추에 염증이 생겨 하루아침에 다리에 힘이 없어져 병원에 와 보니 하반신이 마비되었다. 상체는 그래도 휠체어를 끌 수 있으니 천만다행이라고 생각했다.

물론 아이가 사고가 나서 휠체어를 타게 된 건 안쓰럽다. 하지만 엄마가 있지 않은가. 아이를 돌봐줄 엄마라는 포근한 존재가 있다는 말이다. 옆에 아무도 없다고 생각이 될 때에는 내가 나를 토닥토닥 해주면 된다. 오늘 하루 열심히 산 나를 내가 안아주고 위로해주고 잘 살고 수고했다고 지금 이대로 괜찮다고 위로해주면 된다. 우리 아이같이 휠체어를 타고 항상 엄마 손이 필요한 아이도 잘 살아보려고 노력한다. 적어도 걸어 다닐 수 있는 다리가 있는 우리는 언제든지 밖으로 나가서 뛰어 다닐 수 있다. 엄마라는 손잡이가 필요한 아들의 눈에는 걷는 모습이 정말 부러울 것이다.

세상에는 네모가 너무 많아!

제2장

**세상엔
네모가
너무 많다**

인생은 겸손에 대한
오랜 수업이다.

제임스 M. 베리

휠체어가 가지 못하는 곳

재활병원에는 휠체어가 다닐 수 있도록 시설이 잘 되어 있다. 하지만 병원 밖을 나오면 세상은 온통 휠체어가 다니기 위험한 곳이 된다. 높은 턱과 휠체어가 다닐 수 없는 경사진 곳, 계단들, 평평한 곳이 별로 없다. 아이를 데리고 밖으로 한번 나갔다 오면 기진맥진이 되기 일쑤다.

사실 우리나라는 아직 휠체어가 갈 수 없는 곳이 너무도 많다. 장애를 얻은 아이를 키우게 된 입장에서 바라보는 거리의 모든 시설들이 약자를 배려하지 않은 것으로 보였다. 무엇보다 불편했다. 아이가 사고 나기 전에는 당연시하고 별로 관심을 가지지 않았던 생활의 모든 부분들, 즉 구조물, 도로, 병원, 대중교통 등을 유심히 살펴보면서 무엇이 문제인지 깨우치고 있다. 아이가 갈 수 있는 장소를 생각해보면 크게 제한되어 있다. 장애가 있는 분들이 밖으로 잘 나오지 않는 이유 중 하나일 것이다. 정말 안타까운 현실이다.

아이와 재활병원에서 생활할 때에는 별다른 불편함이 없었다. 하지만 퇴원하고 나서 유치원에 휠체어를 끌고 가 일반 아이들과 생활하면서부터 불편이 많았다. 나는 웃으면서 그것도 다 감내해내야 한다고 말했다. 다행히 아들의 유치원 원장 선생님은 배려를 많이 해주셨다. 하지만 아들은 휠체어로 그 좁은 공간에서 생활하기가 불편했으리라. 많은 아이들과 부딪히기도 했다. 그럴 때마다 아들은 상처를 많이 받았을 것이다.

아이들이 휠체어를 보고서 하는 말이나 처음 보는 특이한 물건 때문에 이런저런 말들을 할 때 상처를 분명 받았음에도 엄마에겐 그런 속상한 이야기를 잘 하지 않았다. 그래서 나는 아이가 유치원 생활을 잘하는 줄 알았다.

"재혁아, 오늘 유치원에서 재미있었어?"

"그냥 그래."

"왜, 재미없어?"

"그렇지도 않아."

"뭐 불편한 건 없니?"

"없어."

여섯 살부터 휠체어로 유치원을 다니기 시작했고 일곱 살부터는 2층에 있는 반으로 옮겨야 했다. 원장 선생님께 반을 1층으로 옮기면 안 되겠냐고 상의도 드려 봤다. 유치원 원칙상 7세 반은 2개의 반이 있기 때문에 위층으로 올라가야 한다고 양해를 구하셨다.

사실 사고라는 것이 이미 벌어진 일이고 우리 아이는 재활을 위해 건강한 생활을 해야 했다. 건강하기 위해서는 몸과 마음이 건강해야 한다. 다른 사람들과 다른 환경이 아니라 똑같은 환경에서 똑같이 부딪히며 살기 위해서는 교육을 받아야 한다. 그래서 어떻게든 유치원 2층에 올라가 또래 아이들과 똑같이 수업할 수 있는 방법을 연구하고 고민한 끝에 휠체어를 하나 더 사서 유치원에 하나를 놓고 다니고 내가 매일 업어서 데려다주기로 했다.

유치원 2층까지 휠체어를 들어다주고 아이를 업고 아침마다 전쟁을 치르듯 그렇게 교육을 받게 했다. 아이가 잘 살 수 있는 길은 교육밖에 없다고 생각해 재활병원에서 오래 있지 않고 적절한 시기에 퇴원을 해 유치원 교육을 받게 했다. 지금 생각해보면 그게 더 잘한 일이다. 왜냐하면 아이가 재활병원에 입원해 있다고 걸을 수 있는 문제가 아니기 때문이다. 그래서 아이들은 발달 시기에 또래와 어울리고 필요한 유치원에서 배워야 할 교육 과정을 거치지 않으면 중요한 때를 놓칠 것 같았다. 그때 내가 한 판단이 아주 옳았다고 생각한다.

그렇게 2년 동안 휠체어로 아들을 유치원에 데려다주다 보니 어느덧 초등학교에 입학할 때가 왔다. 걱정이 이만저만이 아니었다. 초등학교에 처음 보내보는 것도 아니다. 큰애가 이미 다녀봤기 때문에 걱정하지 않아도 되는데 둘째아들은 휠체어를 타고 가야 한다. 그래서 미리 초등학교 입학 전에 교장, 교감, 교무부장 선생님을 찾아뵙고 학교 시설에 대해 상의를 했다. 교장, 교감 선생님이 훌륭한 분들이어서 반갑게 아들을 맞아주었다.

"걱정 마세요. 재혁이 어머니. 요즘은 학교 시설이 아주 잘되어 있답니다. 제가 근무했던 학교는 재혁이 보다 더 심한 장애를 가진 아이들이 휠체어를 타고 생활하는 데 아무 문제없이 잘 다녀요. 절대 걱정 마시고 안심하시고 보내세요."

"재혁아, 학교는 아주 재미있는 곳이란다." 교무부장 선생님께서도 웃으며 학교생활에 대해 이야기해주셨다.

교감 선생님의 따뜻한 말과 배려, 교장 선생님의 환영, 교무부장님의 안심시키는 말 덕분에 걱정이 사라졌다. 안도의 한숨을 우리 남편과 내쉬었다. 특수교사 선생님도 좋은 분이어서 초등학교 생활의 시작은 불편함이 없었다. 세상에서 가장 좋은 선생님을 만나게 해달라고 기도를 많이 해서인지 담임선생님도 좋았다.

"재혁아, 학교생활 해보니 어때?"
"응, 엄마! 유치원 생활보다 훨씬 더 재미있어."
"뭐가 재미있는데?"
"응, 오늘은 학교에서 애들이랑 팔씨름을 했는데 내가 우리반 애들 다 이겼어."

"와. 정말?"

"응, 다른 반 애들도 다 구경 와서 내가 그 아이들과도 시합 했는데 내가 다 이겼어."

"와, 우리 재혁이가 휠체어를 밀고 다니니까 근육이 아주 많이 늘었네. 대단하다."

"엄마랑도 한번 해보자."

"좋아."

이렇게 재미있게 잘 보낸 날도 있지만 어떤 날은 뭔가 불편함이 학교에서 있었던 것 같은데 말을 안 할 때가 있다. 또 학교가 끝난 후에 아이가 갈 수 있는 곳은 집 외에는 안전하지 않았다. 휠체어를 혼자 끌고 경사가 진 곳을 다닐 수도 없고 모래놀이터에서 놀 수도 없다. 턱이 너무 많아 누군가 도와주지 않으면 아들은 혼자서 절대 다닐 수 없다.

네모난 책가방에 네모난 책들을 넣고/ 네모난 버스를 타고 네모난 건물을 지나/ 네모난 학교에 들어서면 또 네모난 교실/ 네모난 칠판과 책상들/ 네모난 오디오 네모난 컴퓨터 TV/ 네모난 달력에 그려진 똑같은 하루를/ 의식도 못한 채로 그냥 숨만 쉬고 있는 걸/ 주위를 둘러보면 모두 네모난 것들뿐인데/ 우린 언제나 듣지 잘난 어른의 멋진 이 말/ '세상은 둥글게 살아야 해'

유영석의 '네모의 꿈'에 나오는 노래 가사 중 일부분이다. 그렇다. 아이가 장애를 입고 보니 세상은 온통 네모 투성이다. 휠체어가 올라가지 못하는 턱, 계단, 버스, 지하철, 택시 등은 전부 네모다. 세상 사람들은 둥글게 살라 하지만 그렇게 살 수 없는 세상의 약자들이 많다는 걸 아이가 다치고 나서야 알았다. 건강하게 아들이 뛰어다닐 때는 당연히 여겼던 일상을 더 이상 둥글게만 볼 수 없는 상황이 우리 가족에게도 닥쳤다. 항상 옆에서 아들을 지켜줘야 하고 봐줘야 하고 위험 상황에 노출되지 않을까 노심초사 하면서 네모로 생활했다.

둥글게 살면서 아무 일 없이 평온하게 살았던 그 때가 그리워 무엇이 잘못되었는지 나 자신을 자책할 때가 많았다. 아들은 엄마보다 더 불편했으리라. 이런저런 상처로 아들에게 선택적 함구증도 생겼다. 그렇게 밝고 명랑하고 사람을 좋아하고 긍정적이었던 아이가 사고의 트라우마로 인해 가족 외에는 입을 열지 않았다.

학교 선생님도 답답해하고 친구들도 우리 아이와 대화하고 싶은데 말을 안 하니 답답하다고 그걸로 트집을 잡았다. 하지만 아들은 마음에 무슨 상처가 있는지 말을 안 한다. 이 문제 때문에 속앓이를 많이 했다. 잘 뛰어 다니던 아들이 갑자기 휠체어에 앉아 마음대로 어딜 돌아다닐 수 없어서인지 답답해했다. 그걸 가족에게는 전혀 말하지 않았다. 즐겁게 생활하려고 노력해도 마음속 깊은 곳에 큰 상처의 골이 패인 것이다. <우리 아이가 달라졌어요>의 오은영 교수님한테 가서 치료를 받아도 소용이 없었다. 아들의 마음에 휠체어로 더 이상 갈 수 없는 곳이 너무 많아져서일까? 무엇이 우리 아들을 상처받게 했는지 깊은 상처에 대해 말하지 않으니 알 수가 없다. 본인도 잘 모를 것이다.

지구는 둥글다. 둥근 지구 안에서 살아가는 우리네 생활엔 네모난 세상이 많다. 사람들의 시선이 네모이고 사물이 거의 다 네모났으며 삼각형의 모서리로 콕콕 아들의 마음을 찌르는 그런 말들이 네모나다. 세상 사람들과 현자들은 둥그렇게 사는 것이 좋다고 한다. 정작 세상은 있는 그대로 받아들이며 둥글게 살기에 위험한 곳이 많다.

이 모든 일상을 겪고 나면서 생각한 것은 세상은 그렇게 약자에 대해 호의적인 것만은 아니란 것이다. 네모가 더 많기 때문이다. 그런 가운데 둥글게 살기 위해서는 많은 노력이 필요하다. 일단 내 마음을 모나게 하지 말고 동글게 봐야 한다. 어떤 삶의 시련과 고통이 다가와도 깨우치기 위함임을 이해하고 네모지게 생각하면 또 하나의 틀이 마음속에 생겨 내 생각을 편견으로 가두게 된다. 동그랗게 원을 그리며 유하게 살아간다면 더 좋은 파장이 메아리치듯 퍼져 나갈 것이다. 그렇게 되면 이 세상이 좀 더 따뜻한 곳으로 되리라.

신체의 장애라 할지라도

마음에 두지 않는 한,

의지의 장애는 아니다.

마음을 평온하게,

영혼을 맑게,

신체를 쾌적하게 유지하자.

H. 하이네

사 람 들 의 눈 을 보 다

/

휠체어를 타고 가지 못하는 곳이 많은 건 괜찮다. 어떻게 해서
든 아이를 안아서 올려둔 다음, 휠체어를 이동해 의자나 바닥에
앉아 있는 아들을 태우면 된다. 마음이 착한 사람들이 도와주면
함께 안고 들고 아들과 휠체어를 옮기면 된다. 하지만 가장 신경
을 쓰는 건 사람들의 네모난 시선이다. 아이가 휠체어를 타고 밖
에 나가면 안 쳐다보는 사람이 없다. 시선을 딴 데다 놓고 가는
듯 보여도 느낌으로는 우리 아들의 작은 휠체어를 반드시 보고

있다. 어떤 분들은 딱하게 생각하여 어떻게 다친 거냐, 아들이 왜 휠체어를 타고 다니느냐, 라고 묻는 분들도 있다.

반면 아들의 휠체어가 엘리베이터로 들어가면 불편한 표정을 짓는 사람들의 표정을 볼 때가 많다. 아이가 죄를 지은 것도 아니다. 누구나 다 살면서 겪을 수 있는 사고와 고난인데 부정적인 시선으로 휠체어를 탄 아들을 바라보면 아이의 손잡이가 되어 열심히 살아가고 있는 내 마음은 불편해진다. 우리 아들이 원래 내성적이다. 하지만 휠체어를 타고부터 사람들 시선을 더 의식하게 되었다. 자신의 행동과 모습이 어떻게 사람들에게 비춰질 것인지를 고민한다.

그럴 때마다 "엄마는 괜찮아, 사람들이 좀 쳐다보면 어때? 사람들은 우리한테 별 관심 없어"라고 얘기하지만 아이도 사람들의 시선을 느낀다. 좋은 시선이 아니란 걸 알기에 아이는 수줍음이 더 커졌다. 휠체어에 앉으면 사람들의 눈이 안 보인다. 배와 가슴만 보일 뿐이다. 사람들과 눈을 마주치며 대화해야 할 텐데 우리 아들의 시선은 항상 낮은 곳에 머무른다.

한편으로는 좀 더 겸손한 자세로 살아가라고 하는 신의 의도인 것 같단 생각이 들 때도 있다. 그렇지만 아들은 많이 불편할 것이다. 내가 휠체어를 타고 생활하지 않는데 아들의 마음을 이해할 수 있을까? 아무리 이해한다고 해도 속마음은 자신만이 안다.

세상에는 수많은 사람들이 살아가고 있다. 이 중에는 다리가 없는 사람도 있고, 귀가 안 들리는 사람도 있고, 말을 못하는 사람도 있다. 눈이 보이지 않는 사람도 있다. 신체적인 장애를 입고 사는 사람들도 있지만 몸은 멀쩡한데 마음의 장애가 있는 사람들도 많다. 세상에는 밝은 빛만이 존재하는 것이 아니라 캄캄한 암흑과 같은 밤도 있다. 양면성과 이원적인 세상에서 좋은 시선만 받는 것이 꼭 좋은 것만은 아니다.

신체의 장애가 있는 사람일지라도 마음을 평온하고 맑게 유지하는 사람도 있다. 반면에 신체장애는 없지만 마음이 항상 불안하고 영혼이 부정적인 생각으로 고통 받는 사람들도 있다. 어떤 면에서 현대인은 누구나 장애를 입고 산다고 할 수 있다. 어제 있었던 일에 대한 걱정과 근심, 타인을 향한 미움, 증오, 복수, 자신보다 더 나은 사람에 대한 질투와 시기, 집착으로 인한 괴로움은 누구나 다 있기 때문에 마음에 장애가 된다. 그러므로 그 누구도 장애라는 말에서 자유로울 수 없다.

장애는 생활하는 데 분명 불편한 점이 있긴 하다. 하지만 장애가 있다고 해서 삶이 불행한 것은 아니다. 마음이나 신체에 장애가 있는 건 보이지 않게 우리의 마음속에서만 불편하게 한다. 그 마음이란 사람들의 시선과 몸짓으로 읽을 수 있다. 하지만 장애가 있다고 해서 마음이 행복하지 않은 것만은 아니다. 오히려 더 감사하는 마음이 생긴다. 가지고 있지 않은 것에 대해 집착하지 않고 삶을 더 낮은 자세로 겸손하게 받아들이는 법을 배우게 된다.

나폴레옹은 유럽을 제패한 황제였지만 "내 생애 행복한 날은 6일밖에 없었다"라고 말했다. 반면 헬렌 켈러는 삼중고를 겪으면서도 "내 생애 행복하지 않는 날은 단 하루도 없었다"라고 말했다. 어떤 마음가짐으로 세상을 바라보느냐에 따라 행복과 감사가 세상에 넘쳐날 수도 있고 불행과 절망을 느낄 수 있다.

우리 아들은 비록 장애를 얻었지만 그래서 사람들의 차가운 시선을 받고 있지만 나는 세상에서 "너만은 제발 살아다오"라고 외치며 침몰하고 있는 배에서 구해줄 단 한 사람이라도 얻어서 다행이다. 바로 세상에서 가장 귀한 우리 아들 '권재혁'이다.

세상에는 네모가 너무 많아!

조건이 제아무리 척박해도

얼마든지 딛고 일어설

가능성은 있다.

닉 부이치치

일 어 서 고   싶 었 다

사람들의 시선을 보면서 수없이 좌절했다. 그럴 때마다 나는 아들을 위해 다시 일어서야 했다. 의기소침해져도 뭐 어때, 라며 스스로를 위로했다. 나도 참을 수 없는 감정이 터져 나올 때가 많은데 아들은 오죽하겠는가? 세상에는 불의의 사고나 선천적으로 장애를 가지고 태어난 사람들도 있다. 재혁이는 교통사고를 당했지만 큰 시련을 통해 팔, 다리가 있고, 말할 수 있고, 들을 수 있고, 걸을 수 있는 것이 얼마나 큰 축복인지를 깨달았다고 나에게 말했다. 거리에 뛰어다니는 아이들을 보면서 건강할 때는 당연히 여겼던 발걸음조차 얼마나 귀하게 보였는지 모른다.

좌절되고 힘이 생기지 않을 때마다 책을 읽었다. 장애를 극복한 사람들의 이야기를 읽으면 다시 일어날 힘이 생겼다. 내가 쓰러지지 않는 강인한 모습을 보여야 재혁이가 세상을 딛고 당당히 일어나 걸을 수 있다. 서점에는 장애가 있는 분들이 세상을 향해 도전하여 다시 일어난 이야기가 수도 없이 많다. 큰 사고와 시련에도 굴하지 않고 다시 일어난 사람들이 쓴 희망적인 책을 많이 읽었다.

"재혁아 있잖아. 이 영상 좀 볼래?"

"엄마, 뭔데?"

"응, 닉 부이치치는 팔, 다리가 없어도 수영도 하고, 골프도 하고, 축구도 한다. 신기하지?"

"이름이 뭐라고?"

"닉 부이치치."

"닉 부이치치?"

"어, 이름이 특이하지? 어릴 때부터 손발이 없이 태어났는데 지금은 아주 훌륭한 사람이 되어서 전 세계를 다니며 사람들에게 감동을 주고 있어."

"신기하네. 엄마."

"그리고 대통령 중에도 휠체어를 타는 분이 계셨어. 바로 미국의 루스벨트 대통령이야."

"그분은 뭐 하는 사람인데?"

"대통령은 말이야. 한 나라의 지도자로서 모든 국민의 행복을 위해 많은 일을 하는 사람이야."

루스벨트는 미국의 존경받는 대통령으로 알려져 있다. 하지만 사람들은 그가 하반신을 쓰지 못하는 소아마비였다는 사실을 잘 알지 못했다. 아이가 장애를 입고 나서야 알게 되었다. 그만큼 나 역시 새로운 세상을 바라보는 눈이 생긴 것이다.

소아마비 대통령으로 우상이 된 루스벨트는 대통령으로서 큰 업적을 남겼음에도 불구하고 장애가 있다는 사실이 잘 알려져 있지 않다. 그의 사진을 보면 흔히 앉아 있거나, 서 있는 경우에는 아들이나 보좌관의 팔을 잡고 있는 모습이 전부이다. 휠체어에서 소파로 또는 침대로까지도 도움 없이 움직이지 못했다.

루스벨트는 태어날 때부터 장애를 입은 것이 아니었다. 가족들과 여름휴가를 보내던 중, 작은 섬 호수에서 수영을 하다가 갑자기 소아마비에 걸렸다. 소아마비에 걸리기 전, 그는 이미 30대의 촉망받는 정치인이었다. 소아마비가 걸리고 난 12년 후 대통령에 당선된 것이다. 소아마비에 걸린 그는 엄청난 통증과 싸우며 장애를 극복하고자 노력하였다. 물론 루스벨트는 장애로 인해 결코 좌절하지 않았다. 세상에 당당히 맞서기 위해 경이로울 정도의 용기를 내어 다시 일어났다.

우리는 지금에야 건강하게 지내지만 나이가 들어 병에 걸리거나 몸이 허약해지면 휠체어에 의지할 수밖에 없다. 그러니 현재의 건강한 몸이 완전한 축복이라 여기며 살아야 할 것이다. 하지만 사람들은 보통 자신의 삶을 남과 비교하며 불행하다고 절망한다. 나는 아들을 볼 때마다 걸을 수 있다는 것 자체가 축복인데 무엇을 더 바랄까, 라는 생각을 많이 하게 된다. 그야말로 소 잃고 외양간을 고친 격이 아닌가 싶기도 하다. 나는 아이의 장애를 보면서 좌절한 순간과 방황으로 지샌 날이 많았다. 하지만 아들을 위해 다시 세상에 날아올라야만 했다. 이것이 바로 나의 의

무이자 권리였다. 당당히 엄마와 아들의 꿈을 보여주기 위해 세상에 일어서고 싶었다. 그 소원을 이루기 위해 다시 '비상'하고 싶다. 아들과 엄마는 꿈을 위해 비상 중이다. 훨훨 하늘 끝까지 날아가고 싶다.

한 시간 동안의 사색은

착한 일을 하지 않은

일주일 동안의 기도보다 귀중하다.

해리슨

아들을 절망에 빠뜨린 함구증

함구, 입을 닫아버린다는 뜻의 이 단어를 생소하게 접했다. 아들이 교통사고 이후 집에서는 가족에게 말을 잘하는데 집 이외의 환경에서는 입을 닫아버린다. 말할 수 있음에도 불구하고 말을 안 한다. 사고 이후의 충격이 커서일까. 평범했던 자신의 몸에 변화가 생겨서일까. 사고 초기에는 별로 대수롭지 않게 생각했었다. 하지만 분명 트라우마가 생겼을 것이다.

아들이 입원해 있던 병원의 신경정신과에 놀이치료를 의뢰했다. 신경정신과 전문의는 다섯 살밖에 안 된 아이를 판단하기가 좀 그렇다며 지켜보자고 했다. 하지만 이로 인해 치료의 중요한 시기를 놓쳐버린 것일 줄이야. 아들은 분명 달라진 모든 상황이 불안하고 공포스러웠을 것이다. 초기에 치료를 진행하지 않아 선택적으로 함구하는 장애는 계속되었다.

병원에서 생활하면서 엄마와는 얘기를 잘하는데 다른 누군가가 말을 걸거나 질문하면 대답을 하지 않는다. 답답해 보였지만 아이의 큰 상처라 여겨 이해하고 넘어갔다. 그럴 때마다 아들에게 말을 걸어오는 사람들은 무안해했다. 그러면서 이런 말을 하나씩 던지곤 했다.

"아이가, 말을 못 하나요?"

"아니요. 말 잘해요."

"말도 잘하면서 왜 말을 안 해? 뭐 문제가 있는 거 아니야?"라며 한마디씩 툭툭 던졌다. 그런 말들이 아들의 입을 더 닫게 했는지도 모른다.

사람들은 자신의 생각과 다르면 이상하게 여긴다. 자신의 생각이 무조건 맞다고 믿는 경향이 강하다. 결국 자신의 생각을 강요한다. 그러다 보니 말을 해야 정상이고, 그렇지 않으면 비정상이라고 여긴다. 물론 이해는 한다. 마땅히 말을 해야 하는 것이 맞다. 재혁이가 원래 말을 못 하는 아이가 아니어서 다행이지만 아들이 왜 말을 못하는지에 대해 질문할 때마다 대답하는 것이 불편했다. 나도 마음이 불편한데 아들은 여간 답답한 게 아니리라. 학교에 입학하고부터는 불편함이 더 심했다. 또래들이 아들에게 말을 못 하냐고, 왜 못 하냐고 물어보고 그럴 때마다 아들은 묵묵부답이다.

"원래 말 못 해요?"
"나한테 한마디라도 좀 해주라."
"우리 반 아이들과 내기를 했는데 재혁이 너 말하게 하면 100만 원 주기로 했다."

이런 상처 주는 말들이 아들의 마음을 아프게 건드렸다. 더는 안 되겠다 싶어 승마 치료도 해보고, 놀이 치료를 받아도 진전이 없었다. 아들은 그런 곳에 자기가 갈 필요가 없다고 느끼는 듯했다. 학교 갔다 와서 집에서 놀고 싶은데 놀이 치료 시설을 돌아다니는 것이 아이의 증상을 치료하기는커녕 문제만 키울 것 같아서 있는 그대로 바라봐주기로 했다.

함묵증이라는 불편함에 대해 얘기하면 할수록 그 증상에 집중하여 감정이 더 강해질 수 있다. 그냥 있는 그대로 바라봐주면서 정상적인 의사소통이 가능한 것처럼 생활했다. 그랬더니 아이들과 학교에서 지내는 것에는 문제가 없다. 담임선생님도, 친구들도 아들을 더 잘 보살피고 같이 놀이에 참여하여 문제는 없다. 내가 보기엔 크게 문제가 되질 않는다. 하지만 아들이 어떤 절망감이나 상처를 마음 깊이 두고 있는지는 마음 안으로 들어갈 수 없으므로 알 수가 없다.

선택적 함구증을 보이는 아이들은 가족 앞에서는 말을 하지만, 자주 보는 친구들, 심지어 할아버지나 사촌 같은 가까운 친척 앞에서조차 말하지 않는 경우가 많다. 단지 조용하다고 치부하기에는 문제가 있었다. 왜냐하면 재혁이에게 관심을 가지는 사람들과 쌍방향 소통이 이루어지지 않기 때문에 서로 불편함을 초래한다. 사회생활에 문제가 될 수도 있겠단 생각이 들지만, 지금 이 순간이라도 아들이 행복하길 바랄 뿐이다.

"재혁아, 밖에서 말 안 하는 거 불편하지 않아?"

"몰라!"

"엄마는 재혁이가 사람들하고 즐겁게 얘기도 하고 재미있게 생활했으면 좋겠어."

"지금 그렇게 지내고 있는데. 엄마 괜찮아. 나 애들하고 잘 지내."

"그래? 재혁이가 괜찮다면 엄마는 다 좋아. 그런데 말이야 함구증 치료 다니는 건 어때?"

"엄마, 그건 말이야. 별로 효과가 없어. 그냥 선생님들이 시간 때우기 식인 것 같아."

"네가 어떻게 알아?"

"해도 효과가 없잖아. 별로 효과가 없어."

"재혁이가 그렇게 생각하는구나. 오늘은 놀이 치료 시간에 뭐 했어?"

"응, 계속 딱지치기 했어."

아들이 말을 해주기 바라는 마음이 항상 자리 잡고 있지만 그렇게 싫다고 하니 놀이 치료를 중단하고 함구증이라는 단어를 일상에서 지운 뒤 아무 일 없는 것처럼 지냈다. 그랬더니 오히려 더 나아지는 것 같았다.

학교에서 책 읽기, 발표 등과 같이 말하기를 요구받는 상황에서 말하는 것을 거부하기 때문에 교사는 아이의 읽기 능력 등을 평가하기가 어렵지만 다른 방식으로 평가를 한다. 말하지 않기 때문에 쓰게 하거나 다른 방식으로 아들에게 이야기를 해나간다. 그러다 보니 교사와 엄마가 더욱 긴밀히 협력하는 체계로 바뀌었다.

학업 성취, 교육 프로그램 참여에 상당한 지장이 초래하는 것에 대한 염려는 특별히 하지 않기로 했다. 지금 이 상황에서 더 감사한 점이 많고 아이는 세상에서 가장 행복하길 바라고 잘 살고 있는데 그런 한 가지 증세가 아들의 삶에 걸림돌이 될 순 없다. 시간이 지나서 자신이 스스로 말하고 싶을 때 하도록 봐주기로 아빠와도 결정했다.

우리 아들은 큰 교통사고 때문에 사회적 상황에 대한 두려움 및 불안감이 마음속에 가득할 것이다. 이런 아이에게 계속 말하라고 하면서 다그치는 것은 오히려 역효과이다. 어른들도 불안장애와 공황장애로 힘들어한다. 현대사회의 스트레스와 여러 가지

요인으로 인해 살아가는 게 힘들기 때문이다. 하지만 누군가가 마음을 어루만져주고 사랑을 베푸는 따뜻한 보살핌만 있으면 넘어지지 않는다. 사회를 향한 공포라는 장애를 누구나 가지고 있는데 그것을 어떻게 바라보느냐에 따라 결과가 달라진다.

비록 우리 아이에게는 지금 함구증이 있지만 내적 성장과 시련과 고통을 통해 더욱 성숙할 것이라고 믿는다. 한편으로는 이 복잡한 사회에서 조용히 입을 닫고 말을 하지 않는 것이 지혜로운 것일 수도 있다. 어쩌면 아이는 지금 묵언수행을 하고 있는지도 모른다. 그래서 생각이 깊고 하는 말마다 깨달음의 성찰이 가득하다.

아이가 지금 사색 중이라고 생각하자. 그렇게 아들을 편안하게 해주어 사고 전에 아무렇지 않게 대해주었던 그 마음으로 돌아가는 것이 목표다. 한 시간 동안의 사색이 아니라 아이가 원하는 만큼의 사색이어도 좋다. 왜냐하면 아이는 잘하고 싶어 하고 말하고 싶어 하는데 사고라는 큰 충격이 못하게 하기 때문이다.

그 마음을 있는 그대로 받아주고 '아이가 지금 사색을 하는구나. 뭘 어떻게 되게 해달라는 기도보다 더 중요한 내면의 성찰을 하는구나'라고 받아들여줄 것이다.

물론 전문가들은 가만히 놔두면 안 된다고 하겠지만 그건 그들의 생각이다. 인생이 치료의 정석대로 된다면 함구증 치료를 받아보겠지만 그 과정에서 삶에 중요한 순간들을 놓치게 되더라. 우리 아들과 나는 행복한 순간들에 집중하려고 한다. 그래서 아들이 좋아하는 여행을 많이 다니고, 엄마와 형과 아빠가 많이 놀아주려고 한다. 가족이 똘똘 뭉쳐 아들의 절망적인 상황을 도와줘야 하지 않겠는가.

우리가 이 세상에 태어난 목적은 행복일 것이다. 지금 이 순간에 행복을 놓치면 미래에는 그 행복이 오지 않는다. 지금 이 순간에 집중하고 무엇을 하든 행복하게 할 때에 아이의 함구증이라는 이름뿐인 이 증세는 분명 시나브로 사라지지 않을까.

세상에는 네모가 너무 많아!

상황이 우리를 괴롭게 할 때
우리는 작지 않다.
그것이 우리를 압도할 때
우리는 작은 것이다.

괴테

엄마도 마음이 아프다

"엄마, 나 안아줘."

"재혁아, 엄마 지금 설거지 하고 있는데 다 끝나면 안아줄게."

"엄마, 나 업어줘."

"알았어. 재혁이가 심심하구나."

"그냥, 안아줘."

"알았어."

설거지를 하다 말고 고무장갑을 벗고 아들을 번쩍 안아 올렸다. 아들은 하체에 힘이 없기 때문에 큰 덩치는 아니지만 열 살 남아를 안고 업는 것이 쉬운 일은 아니다. 사랑이 있기에 가능한 일이지 평범한 사람들은 못할 일이라 생각한다. 아들은 유독 엄마가 자신에게 관심을 안 보이면 사랑을 달라고 한다. 그럴 때마다 나는 그 마음을 알기에 어떤 집안일이 있더라도 그냥 놔두고 아들을 돌보려고 노력한다.

아들을 키우는 일은 분명 힘들다. 그런데 그 아들이 장애까지 얻었다. 엄마의 수고와 노력은 비장애 아이를 둔 엄마보다 정신적, 육체적으로 몇 배의 스트레스를 받는다. 굳이 아니라고 말할 필요도 없다. 엄마의 도움을 받지 않으면 여러 가지 불편이 따른다. 휠체어로 이동할 수 있지만, 생활 속에는 네모난 턱이 많기 때문에 언제든 위험에 처할 수 있다.

장애 아이를 키우는 것이 이렇게 힘든지 몰랐다. 처음 휠체어를 받았을 때에는 차에다 싣고 내리는 것도 무겁지만 아이를 항상 안고 업고 들어야 하니 허리도 아프고 어깨, 팔 등 안 아픈 곳이 없었다. 이렇게 아프다가는 내 몸이 망가져 아들을 계속 돌볼 수 없겠단 생각이 들어 아프지 않게 생활 속 운동을 실천했다. 계단 오르내리기, 집에서 유튜브 보면서 요가하기, 산오르기, 걷기 등을 꾸준히 했다. 잠시나마 운동할 때에는 스트레스에서 벗어나 몰입이 잘되어 잡념이 사라지는 듯했다.

하지만 아들을 24시간 돌보는 것을 하루도 빠지면 안 되기 때문에 내 몸은 항상 긴장되어 있고 불편한 증상이 이어졌다. '정상적으로 아들이 커가고 있을 때 잘할 걸.' 왜 그때는 그렇게 아이 돌보는 게 힘들다며 내 몸이 피곤하니 아들한테 소리를 지르고 화를 냈는지 후회가 생겼다. 길거리에서 정상적으로 뛰고 걷는 아이들을 엄마들이 화내고 소리치며 혼내고 있을 때에는 속으로 이런 생각이 든다. '얼마나 소중한 아이들인데 혼을 내시냐고. 그냥 아이의 있는 그대로를 바라보며 인정해주라'고 말해주고 싶다. 사고가 나거나 다치고 나면 아이에게 한 모든 행동이 다 후회로 밀려온다.

"재혁아, 저기 엄마는 왜 아들에게 큰소리로 화내고 혼낼까?"

"모르지."

"엄마는 말이야. 아이들이 너무 소중해. 아이들은 사랑을 받아야 한다고 생각해."

"화내는 것보다 좋은 말을 듣는 건 누구나 좋아하는 거야. 엄마."

"그렇지?"

아들과 같이 거리를 다니며 수많은 아이들과 엄마들을 관찰한다. '건강하게 뛰어다닐 수 있는 것만으로도 큰 축복인데'라는 생각도 한다. 아들을 키우면서 결혼 문제에 대해 고민한 적이 있다. 그러한 고민을 하기에는 수많은 날들이 남아 있어서 엉뚱해 보이겠지만 그래도 문득 생각이 든다. 거리에 여자아이들이 지나가면 '과연 이 아이들이 커서 우리 아들을 좋아할 수 있을까?'라는 생각이 문득문득 떠오른다. 엄마가 되어보니 자식의 미래가 걱정이 되는 것은 당연한 일일 것이다.

"재혁아, 너는 결혼에 대해 어떻게 생각해?"

"남자와 여자가 같이 사는 거 아니야? 엄마! 결혼식 하면 결혼을 하는 거지?"

"그래. 남자와 여자가 같이 사는 거야. 아기 낳는 것도 결혼의 일부지."

"학교에서 배웠어. 엄마."

"그건 말이야…."

결혼했어도 아이가 없었을 때에는 친정엄마 마음을 몰랐다. 아이를 낳고 나니 조금은 알 것 같다. 하지만 내 몸과 마음이 육아하는 데 지쳐 가다보니 친정엄마의 고마움을 잊고 살았다. 지금 이 순간, 장애가 있는 아들을 바라보면서 다시 생각한다. '엄마도 나를 키울 때 이렇게 고생을 했구나.' 넉넉하지 못한 살림꾸리랴, 우리 삼남매를 키우랴 고생이 이만저만이 아닌 가운데서도 잘 먹이려 하고 깨끗이 씻기고 빨래도 손으로 다 삶아서 빨고 아프다고 하면 엄마도 몸이 아프면서 자식 걱정에 하루라도 마음 편한 날이 없었을 것 같았던 우리 엄마. 그 마음을 이제는 이해할 수 있을 것 같다. 지금이라도 철이 든다는 생각을 했다.

엄마의 가치는 수백 명의 학교 친구보다 더 값지긴 하다. 엄마가 있음으로 인해 아이는 안정감을 느끼는 것도 사실이다. 같이 병원에 입원했던 하반신이 마비된 아이의 엄마는 남편과 싸우고 힘들다며 아이를 포기해버렸다. 그런 의미에서 장애가 있는 아들을 키우는 엄마는 얼마나 마음이 아프고 스트레스일까를 직접 경험해 보니 알게 되었다.

엄마는 아이의 친구가 되어주어야 한다. 마음이 아프지만 그 고통은 인간의 성장을 위해, 아니 우리 아이의 성장을 위해 꼭 필요한 충격이다. 엄마는 모든 것을 감쌀 수 있는 존재로, 신이 너무 바빠 어머니를 세상에 보냈다는 말처럼 아들에게 큰 힘이 되어주어야 한다. 엄마의 사랑은 위대해서 그 가치를 평가하기 조차 힘들다. 내가 장애 아이를 키우는 상황을 겪어보니 엄마라는 타이틀은 아무에게나 주어지는 것이 아니란 걸 느꼈다.

세상에는 네모가 너무 많아!

세상에는 네모가 너무 많아!

제 3 장

**가슴이
따뜻한
사람들**

나는 감사할 줄 모르면서

행복한 사람을

한 번도 만나보지 못했다.

지그 지글러

네가 나를 위로해주는구나

/

아들은 생후 23개월까지 모유를 먹었다. 엄마와 강하게 애착이 형성된 둘째아들은 키우기가 수월했다. 모유를 먹으며 엄마와 눈을 맞추고 엄마 옷에 붙어 있는 병아리 장식을 만지작거리기도 했다. 엄마 품에 안기어 세상에서 가장 행복한 표정과 흡족한 얼굴로 잘 먹고 나면 배부른 걸 소화시키기 위해 뛰고 또 뛰면서 활달하게 생활했다. 그 모습을 보는 것만으로도 행복했다.

그랬던 아이가 갑자기 걸음을 못 걸어 휠체어를 타고 있다.

아이도 그렇지만 내 마음 역시 얼마나 답답할까? 밤마다 읽어주었던 그림책 이야기를 곰곰이 생각하며 골골거리며 잤던 아들이었기에 또래 아이들보다 눈치도 빠르고 다른 사람의 마음을 읽는 능력도 탁월했다. 타인과의 공감 능력이 누구보다 뛰어난 아이였다.

재혁이는 엄마가 피곤하거나 힘든 것 같으면 자기보다 큰 엄마를 꼬옥 안고서 등을 토닥토닥 두들겨주며 이런 말을 한다.

"네가 나를 위로해 주는구나."

일곱 살밖에 안 되었을 때 이런 말을 아이가 어떻게 하냐고 생각할지 모르겠다. 평소에 엄마인 내가 아들을 안아줄 때 이런 말을 했기 때문이다.

"네가 나를 위로해 주는구나. 엄마는 재혁이가 안아주니까 기분이 너무 좋다. 아유, 포근해라. 고맙다, 재혁아. 네가 세상에서 엄마의 마음을 가장 잘 알아주는구나."

아들과 나는 서로의 등을 토닥거리는 행위가 '네가 나를 위로해 주는구나'라는 구호를 부르며 잠시 포근한 순간에 접어든다는 생각이 들었다.

"엄마, 내가 안아주고 토닥토닥 해주면 좋아?"
"그럼, 엄마는 재혁이를 안고 있으면 하루의 피로가 다 사라진단다."
"그러면 자주 해줘야겠네."
"그렇지 그래. 우리 사랑하는 재혁이. 재혁아, 우리 사랑하는 재혁아."

어떻게 아들이 이렇게 엄마의 마음을 잘 공감해주는 것일까? 그리고 엄마가 하는 말을 그대로 따라하면서 "네가 나를 위로해 주는구나"라는 성숙한 말을 할 수 있을까? 아이들은 네살이 되면 비교적 쉽게 다른 사람의 마음을 읽을 수 있다고 한다. 즉, 아이들에게 "엄마가 좋아, 아빠가 좋아?"라고 질문할 때 엄마만 있을 때에는 쉽게 "엄마가 세상에서 제일 좋아"라고 말하는데 아빠가 같이 있을 때에는 선뜻 대답을 못한다. 아빠의 마음을 아이가 읽기 때문이다.

다른 사람을 이해하는 능력은 어느 정도 사회성을 기를 시기에 다 갖추어진다. 이때 다른 사람을 이해하는 능력이 타인과의 대화에서 생기므로 엄마가 아이에게 공감하는 방법을 가르칠 필요가 있다. 엄마와 애착이 잘되어 대화를 잘하는 아이들은 성장해서도 사람에 대한 이해와 공감이 잘될 것이다. 그렇지 못하면 사람에 대한 이해가 부족하여 사회에서 가장 중요하게 여기는 공감 능력이 떨어진다.

아들이 휠체어를 타고 다니면 주변 사람들의 반응이 두 부류로 나뉜다. 하나는 교통 약자이자 몸이 불편하기 때문에 도와주자는 마음을 읽을 수 있고, 또 다른 부류는 무관심을 넘어 짜증과 걱정, 비난 등이 고루 섞인 표정을 짓는다. 어쩌다 엘리베이터에서 아이의 휠체어가 사람들이 많은 곳으로 들어가면 두 번째 부류의 사람들은 옷깃을 약간 스치기만 해도 아주 불쾌한 표정을 짓는다. 이런 모습을 보면서 인식의 전환이 무엇보다 시급하다는 생각이 든다.

소위 선진국에서 온 사람들은 우리 아이를 볼 때 마음을 읽으려고 한다. 어디 불편한 점이 없는지 물어보기도 하고 적극적으로 와서 대화도 요청한다. 그럴 때마다 마음이 환해진다. 우리 아파트에 캐나다에서 온 외국인이 산다. Chan이란 아이의 아빠인데, Chan은 아들과 동갑이어서 평소 아파트를 지나다니며 익숙하게 봤다. 어느 날 Chan의 아빠가 재혁이에게 오더니 영어를 가르쳐주겠다고 했다. 그분과 대화를 나누어 보니 대학교수라고 했다. 그런데 왜 우리 아들을 가르쳐준다고 할까? 궁금했지만 호의를 거절하지 않았다. 그분은 우리 집에서 6개월간 열성적으로 영어를 가르쳐주었다. 아들이 함구증이 있어서 입을 안 여는데도 불구하고 수업 자료까지 꼼꼼히 챙겨와서 정말 열심히 아들에게 영어를 가르쳐주었다.

영어뿐만 아니라 아이가 좋아하는 보드게임이나 놀이를 영어로 해주기도 했다. 왜 우리 아이를 그렇게 정성스럽게 도와줄까 생각해보았다. 외국인이라는 입장에서 한국에 살면서 불편한 점이 많았을 것이다. 그런 어려움을 생각하며 우리 아들을 바라본 것일까?

세상에는 따뜻한 사람들이 더 많다. 사람을 따뜻하게 대하면 자신의 마음이 따뜻해지는 것도 알고, 부정적인 감정으로 대하면 자신의 기분이 좋아지지 않는다는 걸 잘 안다. 아직까지는 세상에 따뜻한 사람이 많다는 것을 실감할 수 있다. 많은 사람들이 휠체어를 탄 아들의 모습을 딱하게 생각하여 도와주려는 마음을 더 보여준다.

재혁이는 학교에서 정말 좋은 담임선생님, 친구들, 학부모, 이웃들을 만나 아직은 따뜻한 마음으로 마음껏 거리를 활보하고 있다. 이에 대한 보답으로 세상 사람들에게 희망과 용기를 주고 싶은 바람이 있다. 아들과 나는 겉으로 보기에는 불행하게 보여도 사람의 마음을 따뜻하게 읽어내는 능력을 큰 사고를 통해 교훈으로 얻었기 때문에 어떠한 역경이라도 잘 헤쳐 나가고 있다.

세상에는 네모가 너무 많아!

인생은 흘러가는 것이 아니라
채워지는 것이다.
우리는 하루하루를 보내는 것이 아니라
내가 가진 무엇으로 채워가는 것이다.

존 러스킨

하루에 느낀 인생은
마음먹기 나름이다

하루를 살아가는 동안 생각은 24시간 쉼 없이 달라진다. 가슴이 따뜻한 사람들은 한겨울 밤에 만나는 뜨끈한 어묵 국물처럼 24시간을 따뜻하게 보낼 것이다. 반면 마음이 얼음처럼 차가운 사람들은 하루가 지옥같이 괴롭고 빨리 마음속 얼음이 깨지길 바라며 인생을 더욱 차갑게 몰고 갈 것이다.

아들의 교통사고가 나기 전에는 내 마음도 갈대와 같았고 차가웠다. 어둡다가 다시 덥다가 따뜻했다가 흥분했다가 기분 좋앗다가 나빴다를 쉴 새 없이 반복했다. 따뜻했다가 식었다를 반복하니 차가운 쪽으로 많이 치우쳤다. 감정이 롤러코스터처럼 요동치는 날들이 많았다.

하지만 지금은 그러지 않으려고 애쓴다. 감정의 중심을 잡지 못하고 미래에 대해 불안해하고 방황하고 걱정하고 비관한다면 아들의 삶에도 분명 영향이 미칠 것이다. 책도 많이 읽고, 공부도 많이 해봤지만 어디로 튈지 모르는 내 마음을 잡기가 영 쉽지 않다. 그럼에도 불구하고 나는 아들의 미래를 위해 하루를 즐겁게 디자인해야 했다. 하루가 모여 아이의 미래가 될 것이기 때문이다.

하루 24시간은 누구에게나 공평하게 주어진다. 하지만 어떤 사람은 48시간처럼 쓰고 다른 사람은 12시간처럼 쓴다. 그런 사람들에게 우리 재혁이 이야기를 해주고 싶다. 재혁이는 휠체어를 타고 다니지만 세상에서 가장 행복하게 살려고 노력 중이다. 자신의 장애를 더 이상 받아들일 수 없는 천덕꾸러기가 아니라고 여긴다. 자신의 모습을 있는 그대로 인정하고 매일 어떻게 하면 세상에서 가장 즐겁게 보낼 수 있을까를 고민한다. 행복을 찾아 바로 실천하는 아이를 보면서 많이 배운다. 아이의 하루는 24

시간이 모자란다. 잠을 잘 때에도 재미있는 시간이 가는 것을 아쉬워해 주말이면 꼭 밤을 새고 싶다고 한다. 거의 밤을 샌 적은 없지만 아이는 하루가 지나가는 것을 미래의 시간 통장에서 시간을 빼먹는 것처럼 아까워한다. 하루를 48시간처럼 보내고 싶은 아들이 얼마 전 이런 질문을 했다.

"재혁아, 엄마는 하루를 살면서 누가 이 세상에서 가장 행복할까를 생각해 봤어. 재혁이는 이 세상에서 가장 행복한 사람이 누구라고 생각해?"

"그건 바로 나지."

"어째서?"

"…."

"엄마는 말이야. 엄마도 꿈이 있는데 그 꿈을 이루지 못하고 살면 약간의 마음속 불편함을 던져주는 것 같아. 언제 그 꿈을 이루나 항상 생각하는 거지."

"엄마, 그렇게 심각하게 고민하지 말고 그냥 현재를 즐겨."

"뭐? 재혁아, 엄마도 그렇게 살려고 노력하고 있는데 안 될 때가 많아."

자신이 세상에서 가장 행복한데 그 이유를 설명할 수 없는 열 살 아들이 엄마의 마음을 배려해서 그렇게 말한 것인지 아니면 진짜 행복해서 그런 것인지 궁금한데 아들은 묵묵부답이다. 그리고 행복에 대한 정확한 정의를 어떻게 터득했는지 엄마인 나도 잘 모르는데 아이는 이미 다 알고 있는 것만 같다. 아들의 생각이 궁금하여 또 질문했다.

"재혁아, 이 세상에는 하루를 행복하게 보내는 사람들보다 행복하지 못하게 보내는 사람들이 많은데 너는 어떻게 행복할 수 있니?"

"엄마가 있잖아."

"엄마?"

"엄마가 있다고 다 행복할까?"

"엄마가 매일 행복, 행복, 행복이라고 외치고 다니잖아. 그래서 행복해야 한다고 생각하지. 사람들에게 감사해야 한다고도 말하잖아. 감사, 감사, 감사."

"어, 그런 말을 하긴 했지!"

"그게 바로 답이야."

"어 그래? 우리 재혁이가 생각이 참 깊네. 어떻게 그런 생각을 할까? 아들, 대견하다."

"엄마, 이 세상에서 가장 행복한 건 난데 이유는 나는 이 세상에서 나를 가장 사랑하기 때문이야."

어린 아이의 입에서 내가 상상할 수도 없는 삶의 철학이 나와서 깜짝 놀랐다. 어른들은 자신에 대한 비난과 불평 때문에 현재를 살아가지 못해 하루라는 시간을 버릴 때가 많은데 우리 아들은 이 세상에 존재하는 것만으로도 즐거운 자신을 있는 그대로의 모습을 받아들이고 사랑하고 있는 것이다. '내가 그렇게 가르쳐서일까 아니면 아들이 교통사고라는 큰 시련을 겪으면서 깨달은 것일까?' '혹시 우리 아이의 묵언수행 같은 함구증이 하루를 더 깊이 생각할 수 있게 한 것은 아닐까?'

이 세상에서 가장 중요한 사람은 바로 나니까 나를 사랑해야 한다고 수많은 자기계발서들이 말한다. 우리 아들은 자기계발서를 읽지도 않는데 세상에서 가장 소중한 사람이 바로 자신이라는 사실을 어쩜 저리도 확신하는 걸까. 분명 누군가는 아이가 불행하지 않을까 하는 걱정을 할 텐데 그런 상황에서도 항상 웃고 다른 사람에게 양보하고 배려하고 오히려 도움을 아끼지 않는 아이의 성향은 어디에서 나온 것일까? 무엇이 이 아이를 이렇게 잘 성장하게 만드는지 궁금했다.

아들의 하루는 24시간이 모자를 정도로 자신이 행복한 활동만 한다. 먹고 싶은 것을 먹고, 하고 싶은 놀이를 하며, 사교육을 위해 학원에 다니지 않아 마음에 여유가 있다. 학교에서는 집중을 잘해 공부도 곧잘 한다. 음악에 탁월한 능력이 있어 언제든 기타를 들고 나를 위해 연주해준다. 지금은 e-sports에 뛰어난 재능이 있어 세계적인 선수가 되는 꿈을 키우고 있다.

교통사고라는 큰 고통이 시련만 가져다준 것은 아니란 생각이 든다. 이미 과거에 프로그램이 되어져 이렇게 깨달으라고 신이 우리에게 보내준 느낌이다. 아들의 하루가 평화로우니 내 마음도 점점 과거의 상처가 치유되는 것만 같다.

사람이 변하는 방법에는 세 가지가 있다고 한다.

첫째, 테레사 수녀님같이 사랑이 많은 분이 진정한 사랑으로 정성껏 돌봐주면 사람은 변한다고 한다.

둘째, 큰 충격이나 큰 시련을 겪은 사람들은 변한다고 한다.

셋째, 심리상담이나 치료의 과정을 겪으면 조금씩 변한다고 한다.

그중에서 나를 세상에서 가장 따뜻하게 있는 그대로 사랑해주면 반드시 사람은 변하게 되어 있다고 한다. 혹시 그러한 존재가 엄마가 아닐까. 재혁이는 있는 그대로의 내 사랑을 매일 듬뿍 받아 하루를 시작한다. 문득 척추에 암이 생겨 걷지를 못했던, 같은 병실의 J 아저씨가 생각났다. 아저씨는 척추암이라는 병에 걸렸지만 하루를 행복하게 살지 못하고 매일 저녁마다 병실에서 아내와 말다툼을 했다. 그런 아저씨를 위로해주고자 아들과 함께 웃음치료 이벤트도 마련해주었다.

하지만 아저씨의 마음에는 우울함이 많았다. 자연에서 몇 달만이라도 살고 싶다는 얘길 하곤 했다. 그런데 아내는 아들이 학원에 다녀야 하기 때문에 그곳에 갈 여건이 못 된다며 늘 완강했다.

"재혁아, 엄마 생각에는 아저씨가 자연에 가서 정말 아름다운 소원을 이뤘으면 좋겠는데."

"모든 사람들의 생각이 엄마 같을 순 없어. 엄마는 다 실행해보고 반드시 꿈을 이루려고 하지만 그런 사람들이 많지는 않아."

아들 얘길 들으니 그것도 맞는 것 같다. 결국 아저씨는 따뜻한 엄마의 품 같은 자연이 아닌, 차가운 중환자실에서 차가운 죽음을 맞이하게 되었다. 삶의 자세를 다시 생각해 보았다. 같이 병실에서 웃고 얘기했던 아저씨가 행복하게 하루하루를 살지 못하고 이 세상을 떠난 것이다. '아저씨의 마지막 소원, 자연에 가서 며칠만이라도 살아보기를 아내가 들어주었더라면 어땠을까?'

인생이 무의미하게 흘러가도록 하루를 낭비하면 그 인생의 끝에서 반드시 시간 도둑이 딱 버티고 서서 이런 말을 할 것이다. "내 그럴 줄 알았지. 우물쭈물 대다가 아까운 하루를 버리고 그게 쌓이고 쌓여 내가 이리 후회라는 곳으로 오도록 만들었지." 사람은 정말 자신이 어떤 생각을 하느냐에 하루가 달라진다는 것을 명심해야 할 것이다.

세상에는 네모가 너무 많아!

나는 당신의 운명이
어떻게 전개될지 모릅니다.
그러나 한 가지는 분명히 압니다.
당신들 중에 진정한 행복을
경험할 사람은 봉사하는 방법을
찾는 사람입니다.

알버트 슈바이처

살 아 갈 만 한 세 상

"재혁아, 엄마가 진짜 감동받은 책이 있어서 이야기를 해볼
게."

"뭔데, 엄마?"

"있잖아. 어떤 사람이 고등학교 2학년 때 안면육종에 걸려서
병원에 입원하고 퇴원하기를 반복했대. 그런데 그 분이 어느 남
자 대학생을 알게 되어 서로 편지를 주고받았어. 그런데 둘은 편
지를 통해 사랑의 감정을 느꼈지만 사랑의 결실을 이루지 못했

어. 왜 그랬을까?"

"분명히 안명육종에 걸린 여자가 죽었겠지. 엄마."

"재혁아 너 그런 거 어떻게 알았어? 21살이 되던 해에 죽었대."

"뻔한 얘기잖아. 드라마나 영화의 결말이 그렇잖아."

"아, 재혁이 대단한대? 엄마가 말하려고 하는 걸 벌써 알아버렸네."

"그런데 그 여자가 생의 마지막 순간에 무슨 말을 했는지 알아?"

"그건 몰라."

"있잖아. 병원에서 퇴원해 건강하게 3일만 살고 싶다고 기도했대. 1주일도 바라지 않고 딱 3일만 원했대."

"그럼 그 3일 동안 뭘 하고 싶었대? 엄마."

"응 첫째 날은 고향으로 가서 할아버지 어깨를 주물러 드리고 엄마와 함께 부엌에서 샐러드를 만들어 아버지께 따뜻한 술 한잔 대접하면서 식사를 하고 싶었대. 둘째 날은 편지를 주고 받은 남자를 찾아가 방청소를 해주고 와이셔츠를 다려주고 헤어질 때 안아주고 싶었대. 셋째 날은 혼자서 추억을 즐기고 싶었대. 그리고 조용히 하루가 마지막으로 지나가면 3일 동안 건강을 주셔서 "고맙습니다!"라고 조용히 말하고 미소를 지으며 영원한 여행을 떠나기 위해 잠들고 싶었대."

"엄마, 슬픈 이야기인데, 의미는 있는 것 같아. 예전에 근육질의 멋진 50대의 J 아저씨가 생각나네."

"그렇지?"

자신을 위해 살아가는 것도 중요하지만 가족을 기쁘게 해주고 싶고 타인의 행복과 사랑을 위해 하루를 살고 싶었던 여성의 이야기가 가슴속에서 메아리친다. 앞으로 어떻게 살아가야 할지에 대해 방향성이 잡히는 듯했다. 세상엔 따뜻한 사람이 많다. 연말을 보더라도 소외된 이웃을 돕기 위해 보이지 않는 곳에서 봉사활동을 아끼지 않고 어려운 사람들에게 기부도 한다.

아이가 다치기 전에는 나만 알던 이기적인 내가 세상 어느 곳에서 누군가는 우리보다 더 열악한 환경에서 굶주림과 추위, 가난, 고통과 싸우고 있다는 사실을 알게 되었다. 대중매체에서 접하는, 굶주려서 뼈만 앙상하게 남은 아프리카 아이들을 볼 때마다 예전에는 아무 느낌이 없었다. 하지만 지금은 그런 이야기들이 쉽사리 지나가지 않는다. 고통 자체는 안타까운 현실이지만 그 고통을 지나치지 않는 사람들이 있기에 세상이 아름다운 것이 아닐까. 그래서 무슨 일이든 감사하고, 또 감사하며 살아가고 있다.

아들이 병원에 입원해 있을 때 똑같이 아파트에서 재활용 트럭에 치여 교통사고가 난 아이가 죽었다는 말을 들은 적이 있다. 그에 반해 우리 아들이 살아 있고 이렇게 휠체어를 밀지만 손을 쓸 수 있다는 사실에 정말 감사하는 마음이 더없이 들었다. 무릎 꿇고 평생을 기도해도 부족한 일이리라.

이기적으로 살지 말고 주위 어려운 사람들도 돌보라는 신의 계획인 것 같은 생각이 들 때가 많다. 아들이 건강하게 옆에 있어주는 것만으로도 감사한 생각이 드는 건 그 고통스러운 상황을 직접 체험했기 때문이다. 그리고 보면 어려움과 시련을 겪어본 사람이 다른 사람들의 고통을 이해할 수 있기에 더욱 도와주고 위로해주는 것 같다. 그런 모습을 볼 때면 아직까지 이 세상은 살 만하다는 생각이 든다.

오드리 햅번이 유명한 배우인지 알고는 있었다. 하지만 최근 그녀의 봉사 활동과 가치관에 대한 기사를 읽고서 100톤 망치로 머리를 한 대 맞은 듯한 감명을 받았다. 그녀는 유니세프 홍보대사로 활동했고, 아프리카, 엘살바도르 등 전 세계 50여 곳을 돌아다니며 죽어가는 아이들을 위해 봉사했다. 특히 결장암 판결을 받았음에도 유니세프와의 약속을 지키기 위해 아프리카 일정을 소화했고, 이 사실이 알려져 많은 사람들이 구호물자를 보내왔었던 사실도 공개됐다.

음식을 나누어 먹는 삶, 나만의 배가 불러 혼자 고통 받는 그런 삶이 아니라 죽어가는 아이들을 위해 조금씩 음식을 나누어 먹으라고 조언하는 그녀의 삶을 통해 많은 걸 배웠다. 적게 먹게 되고 음식물 쓰레기를 줄이는 활동에서 시작해 세상을 더 가치 있는 곳으로 만들 수 있는 실천을 하게 된 것이다. 그녀가 남긴 유언의 내용을 보면 이렇게 아름다운 여성도 이런 아름다운 마음을 가지고 있구나 하는 생각이 들어 나는 그동안 사람을 겉모습만 보고 판단해온 것은 아닌가 싶어 반성하게 되었다.

아름다운 입술을 갖고 싶으면
친절한 말을 하라.
사랑스런 눈을 갖고 싶으면

좋은 점을 보아라.

날씬한 몸매를 갖고 싶으면

너의 음식을 배고픈 사람과 나누어라.

아름다운 머리카락을 갖고 싶으면

하루에 한번 어린이가 너의 머리를 쓰다듬게 하라.

아름다운 자세를 갖고 싶으면

결코 혼자 걷고 있지 않음을 명심해서 걸어라.

사람들은 상처로부터 복구되어져야 하며,

낡은 것으로부터 새로워져야 하고,

병으로부터 회복되어야 하고,

무지함으로부터 교화되어야 한다.

또, 고통으로부터 구원받아야 하고,

결코 누구도 버려져서는 안 된다

기억하라!

만약 도움을 주는 손이

필요하다는 사실을 깨닫는다면,

너의 팔 끝에 있는 손을 사용하라.

또, 나이가 들면

손이 두 개라는 것을 발견하게 될 것이다.

한 손은 너 자신을 돕는 손이고,

다른 한 손은 다른 사람을 돕는

손이라는 사실을…

자신만을 위해서 살다간 오드리 햅번이 아니라 다른 사람들을 돕는 데 쓰고 간 가치 있는 마음까지도 아름다운 이 여성 덕분에 세상은 더욱 살아갈 만하다는 느낌이 든다. 인간은 자기 이외의 사람을 진정으로 도울 때 진짜 삶이 시작된다. 케냐의 환경운동가인 왕가리 마타이 박사는 아프리카 여성 최초로 노벨상을 받았다. 1977년 교수 생활을 하던 그녀는 케냐의 메마른 지역이 사막으로 변하는 것을 막기 위해 나무 심기 운동인 '그린벨트 운동'을 시작해 2003년까지 3,000만 그루의 나무를 심었다.

아프리카의 모든 땅이 처음부터 황무지가 아니었는데 무분별한 개발과 식민지 역사 때문에 나무가 사라진 것을 안타깝게 생각한 그녀는 여성 인권문제뿐만 아니라 민주주의 운동을 한 아프리카 최초의 여성으로 독재정권의 탄압 때문에 여러 번 수감되기도 했다. 하지만 권력에 굴복하지 않고 자신의 지구 살리기

운동에 대한 집념을 펼쳐나갔다. 어떤 어려움에도 사람들에게 도움이 되고자 하는 따뜻한 마음, 다음 세대들이 살아갈 세상을 위해 좀 더 나은 환경을 만들고자 하는 그녀의 노력이 없었더라면 세상은 더욱 더 삭막한 황무지가 되었으리라.

전 세계에 이타주의를 실천하는 사람들이 많다. 그들의 이름이 알려지지는 않았지만 많은 생명을 살리고 있다. 이런 사람들이 있기에 세상은 좀 더 나은 방향으로 발전하고 살아갈 만하다.

세상에는 네모가 너무 많아!

얼마나 많이 주느냐보다

얼마나 많은 사랑을 담느냐가 중요하다.

마더 테레사

바 라 지 않 아 야 행 복 하 다

"재혁아, 엄마 친구 아버지가 갑자기 돌아가셨다고 연락이
와서 장례식장에 다녀올게."

"엄마, 가지 마."

"왜? 아주 중요한 친구야."

"엄마, 바깥이 중요한 게 아니라 안이 중요한 거야."

"뭐야? 재혁아 때로는 사람들이 슬퍼할 때 가서 위로도 해주
고 도움도 주어야 하는 거란다."

"엄마는 왜 자꾸 딴 사람에게 관심을 가져. 우리가 중요한 거야. 우리 가족이…."

"그래, 우리 가족도 중요하지. 그런데 말이야. 지금은 엄마 친구의 슬픔을 생각하니 바로 가 봐야겠어. 재혁아, 네가 아직 어려서 몰라서 그래. 크게 되면 다 알게 될 거야."

아들이 나에게 했던 충고가 그렇게 아무렇게나 내뱉은 말은 아니라고 생각했다. 아들이 방학 중이라 집에 있는데 엄마가 자기한테 관심을 주지 않고 밖으로 나간다고 하니 죽음이 어떤 의미인지도 모르고, 왜 장례식장을 가야 하는지도 모르는 어린 아이로서는 그런 생각을 하는 것이 당연하다. 그래서인지 내 입장에서 왜 장례식에 가는 것인가를 생각해 봤다.

가장 중요한 것은 친구의 슬픔을 위로해주기 위함이지만, 한편으로는 내가 부모님 상을 당하면 친구가 도와주고 와줄 것이라는 바람이 있기에 가는 것이라 생각했다. 무언가를 바라지 않으면 그 자체가 행복인데 계산을 하고 간다는 것에서 아들에게 뭔가를 들킨 기분이었다. 아들이 소중하고, 가족도 소중한데 나에게 그런 무의식의 바람이 있었던 것을 알게 되었다.

대가를 바라는 것은 행복감을 줄어들게 한다. 무조건적인 선의와 베풂이 나 자신에게 뿌듯함을 주는데 조건이 들어가면 행복이 아니라 계산이다. 계산이 들어가면 복잡해지는 상황 때문에 스트레스를 받을 수밖에 없다. '준 것은 물에 새기고 받은 은혜는 돌에 새겨라'라는 말이 있다. 자신이 남에게 베푼 선의의 행동은 깨끗이 잊어버리고 누군가에게 감사함을 받았다면 그것을 평생 마음속에 새겨 감사함을 전해주려 노력하면 행복해진다는 뜻이다. 이때 대가를 바라지 않으니 행복하다. 행복이란 내가 준 것은 깨끗이 잊어버리고 남에게 받은 호의는 평생 간직한다면 기쁨은 평생 나를 따라다닐 것이다. 즉 무언가를 바라지 않아야 행복하다.

내가 내 인생의 주인이 되어야 행복하다. 남에게 인정을 받으려고 노력하거나 타인에 비친 나를 생각한다면 남이 인정해주지 않을 때 나라는 존재의 가치가 떨어지는 것처럼 보인다.

하지만 진정한 인정은 내가 나 자신을 있는 그대로 받아들이고 사랑해줄 때 생긴다. 인간은 누구나 자신이란 존재와 함께한다. 자신을 타인에게 비추어 좀 인정해달라고 갈구할 때 타인은 언제나 내가 원하는 대답을 해주는 것이 아니기에 인정에 목말라 할 것이다.

남을 돕거나 누군가에게 선행을 베풀었을 때 상대방이 나를 알아주길 바라는 마음이 생길 때는 불편하다. 아직 그런 사람들을 만나보지는 못했다. 천만다행이리라. 자식을 향한 부모의 사랑으로 비유할 수도 있겠다. 부모는 자식을 키울 때 대가를 바라지 않는다고 보통 생각한다. 하지만 자식이 부모가 원하는 대로 하지 않을 때 "내가 너를 어떻게 키웠는데 너는 이런 소릴 하느냐"라는 말을 한다. 대가를 바라는 것이다.

부모와 자식 간의 관계가 타인과의 관계 형성에 기초가 되는데 "내가 너를 이렇게 키웠으니 너는 나의 공을 알아서 물질적으로든 정신적으로든 보상해야 한다"라는 대가성 생각이 마음을 지배하고 있다면 상대가 내 마음대로 움직여주지 않을 때 실망하며 때로는 보복을 한다. '상대방을 위해서 존재하는 나'라는 사람이 대가를 주지 않게 되면 관계에 문제가 생기기 시작하는 것이다.

내 뜻대로 돌아가지 않는 것이 세상이기에 행복을 빼앗아가는 근원이라고 생각하여 마음의 집착을 버리려는 연습을 하고 있다. 하지만 잘 안 될 때가 많다. 왜냐하면 내가 내 마음을 잘 알지 못하기 때문이다. 과연 내가 바라는 것인지 바라지 않고 있는 그대로 바라보고 있는 것인지를 모를 때가 더 많다. 《명심보감》에는 이런 말이 있다.

대면공화(對面空話)하되 심격천산(心隔千山)이니라.

이는 '얼굴을 맞대고 서로 이야기하고 있지만 마음은 천 개의 산 사이에 있는 것과 같다'라는 뜻이다. 마음을 이야기할 때 여러 가지 비유를 쓰는데 상대방과 얘길 할 때 마음 사이에 천개의 산이 있으니 상대방의 의중을 어떻게 파악하겠는가? 물론 알 수 없다. 그러므로 상대방에게 바라는 마음은 애초에 있을 수 없다는 것이다.

바라는 마음을 가지고 있는 내가 먼저 변해야 한다. 모든 것을 있는 그대로 바라봐야 삶이 행복하고 자유로워진다. 그걸 알면서도 실천이 안 되는 이유가 마음이란 광대한 바다와 같아서 그 바다의 물을 파이프로 다 받아낸다고 해도 없어지지 않고 또 생기고 또 생길 것이기 때문이다.

선행을 하거나 누굴 도와줄 때 바라지 않아야 내 마음이 행복으로 갈 수 있는 열쇠를 들고 있으니 그 열쇠를 덜 집착하는 쪽으로, 더 긍정적인 방향으로 돌려서 마음을 열 필요가 있다. 일체유심조라고 했다. 행복도 불행도 내가 만드는 것이다. 행복도 내가 짓는 것이요, 불행도 내가 짓는 것이다.

상대방에게 바라는 것이 많더라도 돌아오지 않을 때가 더 많다. 마음의 초점을 어디에 맞추느냐에 따라 행복과 불행이 나누어진다. 내 인생의 주인은 바로 나 자신이다. 나를 다른 사람에게 맞추면 내가 내 마음으로 돌아오지 못한다.

자신을 항상 긍정적으로 바라보고 남이 무어라 했든 즐겁게 살려고 노력하면 그뿐이다. 매 순간 행복할 수는 없겠지만 행복하고 즐겁게 살려고 노력하며 행복의 파랑새를 외부가 아니라 바로 내 눈 앞에서 찾을 때 이 세상은 더 따뜻한 곳으로 변하지 않을까 생각해본다.

세상에는 네모가 너무 많아!

누군가를 신뢰하면 그들도
너를 진심으로 대할 것이다.
누군가를 훌륭한 사람으로 대하면,
그들도 너에게 훌륭한 모습을 보여줄 것이다.

랠프 왈도 에머슨

현명한 엄마는 세상 사람들의
좋은 면만 본다

아들이 교통사고가 나서 다쳤지만 나는 아들을 통해 세상 사람들의 좋은 면만을 보려는 삶의 태도를 가지게 되었다. 희망의 나무를 심는 사람만이 희망의 꽃을 볼 수 있기 때문이다. 삶의 태도와 초점을 어디에 두느냐에 따라 불행할 수도 있는 이 상황이 희망의 꽃인 개나리가 되기도 한다. 반면 계속해서 불행한 생각에 머문다면 행복할 수 있는 이 상황을 보지 못하고 감사하지 못해 불행의 상징인 다섯 잎 클로버처럼 될 수도 있다.

다섯 잎 클로버는 숨 쉬고 있다는 그 자체의 상황이 얼마나 행복한 것인지를 깨닫지 못하게 한다. 세 잎 클로버의 행복보다 더 많은 네잎클로버의 행운을 기다리다가 그것이 너무나 지나쳐 다섯 잎까지 되는 불행을 자초하게 된다는 뜻으로 해석된 꽃말을 통해 삶의 좋은 면을 간과한다. 내가 건강해 아들을 돌볼 수 있고 가족이 있고 따뜻하게 살아갈 집이 있는 것만으로도 행복함을 느끼지 못했을 때 오는 불행의 마음을 다섯 잎 클로버라는 꽃말을 통해 항상 상기시키려 노력한다.

분명 교통사고가 난 아들의 상황을 되돌릴 수는 없다. 이미 그 일은 과거 속으로 묻혀버렸다. 그렇다고 그 사고 기사를 원망하거나 그 상황에 대해 후회하는 마음을 붙잡아 과거 속에만 머무른다면 행복할 수 있는 지금의 순간을 놓치게 된다.

나는 언제나 남편에게 감사한다. 사고가 났을 때 아들을 잘 돌보지 못하고 사고가 난 트럭 뒤에 자전거를 세운 것에 대해 원망할 만도 한데 남편은 전혀 내색하지 않고 괴로워서 제 정신이 아니던 내 마음을 위로해주었다. 아이의 사고에 대해 어떤 이야기를 꺼내려 해도 남편은 이렇게 말한다.

"이미 지나간 일이니 후회해도 소용없어. 그건 우리에게 아무 도움이 안 되니 더 이상 과거에 대해 후회하지 말자."

"정말, 당신은 어떻게 그렇게 나에게 도움이 되는 말만 해주지? 고마워."

"내가 뭘….."

남편은 당연하다는 듯 과거의 일을 떠올리거나 얘기하면 더 불행해질 수 있으니 지금 현재에 집중하면서 아들에게 할 수 있는 행동과 희망, 사랑만 듬뿍 주자고 생각했다. 남편도 아들의 사고로 인해로 오히려 더 긍정적인 사람으로 바뀌었다. 그 정도로 남편은 재혁이를 사랑한다. 나에게는 이런 좋은 남편이 있다.

큰 아이 역시 몸이 불편한 동생을 잘 돌봐주고 언제나 자랑스러워하며 많이 웃고 잘 놀아준다. 이런 아들들이 기특하다. 우리 가족이 사랑과 희망으로 똘똘 뭉쳤고 어떤 상황이든 긍정적으로 보는 부모의 마음이 있기에 지금의 행복이 가능해진 것은 아닐까.

사람들은 제아무리 가진 것이 많아도 무엇인가가 없다며 늘 불행해한다. 지금 있는 것도 과분할 정도로 많은데 당장 미래에 가지지 못한 결핍 때문에 지금의 행복을 놓치고 산다.

사람들에게는 두 가지 측면이 있다. '~ 때문에'라고 생각하여 불행을 좌초하는 사람이 있는가 하면, '~ 덕분에'라며 지금 상황에 대해 감사하는 마음을 가진 사람들이 있다. 후자가 더 행복한 것은 말할 나위가 없다. 세상에 긍정이 더 나은 삶의 자세라는 걸 모르는 사람은 없다. 아주 어린 아이들도 기분이 나쁠 때와 좋을 때의 감정이 너무도 다른 것을 안다.

인간은 누구나 기분 좋은 감정을 느끼며 행복해하고 싶어 한다. 하지만 세상을 살다보면 좋은 일만 생기지 않기 때문에 삶을 긍정적으로 바라보는지, 아니면 부정적으로 바라보는지에 따라 마음이 천국과 지옥을 왔다가 갔다 한다. 나는 아들의 지금 상황을 '~ 때문에'가 아닌 '~ 덕분에'로 보자고 마음먹었기에 사람들의 좋은 면만 보려고 노력한다. 좌절하지 않으려 하고 있으며 글쓰기를 통해 내면을 치유하고 있다.

마음을 그렇게 먹으니 '말 한마디에 천 냥 빚 갚는다'는 속담처럼 생각을 긍정적으로 하려고 노력하며 말도 그에 맞춰 좋게 얘기하려 한다. 도움을 베푸는 사람들이 있으면 반드시 '감사합니다. 도와주셔서 고맙습니다'라며 친절에 대해 고마움을 표시한다. 세상의 좋은 면만을 보고 따뜻한 마음을 가지려다 보니 그런 이야기를 많이 듣게 된다. 아파트에서 친하게 지내는 어머니들이 그런 말을 하곤 한다.

"재혁이 엄마는 힘들 수도 있는 상황에서 어쩜 그렇게 긍정적으로 잘 생활할 수 있는지 많은 엄마들이 존경스러워해."

"그래요?"

"응, 엄마들끼리 모여서 차를 마시잖아. 그럼 재혁이 엄마가 대단하다고 그래. 어쩜 그렇게 재혁이를 밝고 씩씩하게 키우고 다른 아이들과 똑같이 잘 크도록 돌보는지 동네 엄마들이 대단하다고 그래."

"정말 감사하네요."

"씩씩하게 잘 다니니 보기가 좋아."

"감사합니다."

학교에서 아들 담임선생님도 나에게 이런 말을 한다.

"재혁이 어머님은 어떻게 아들을 이렇게 잘 키우시나요? 재혁이가 학교생활을 아주 잘해요. 친구들이 노는데 항상 같이 어울리며 지내요. 아이들이 재혁이를 서로 도우려고 난리예요."

"감사합니다. 선생님. 모든 게 선생님께서 관심 가져주셔서
그래요."

"학교생활은 아무 걱정하지 마세요. 잘 지내니까요."

이런 말을 들으면 힘이 난다. 실제로 세상의 좋은 면에만 집
중하기로 마음먹은 순간, 모든 상황이 행복으로 바뀌었다. 많은
사람들이 많이 가지고 있어도 뭔가 부족하다 생각하여 삶을 마
치기도 하고 갈등과 고통과 고민 속에서 산다. 우리 아들이 다리
를 움직일 수 없는데도 세상에서 가장 행복하다고 하니 무엇이
진실이고 무엇이 거짓이겠는가?

세상은 마음먹기에 달려 있다. 행복한 상상을 하면 행복할 것
이요. 불행한 상상을 하면 불행해진다. 최근에 방송인 유재석과
가수 이적이 부른 '말하는 대로'라는 노래를 많이 들으며 힘을
얻는다. 힘들 때마다 위로와 격려가 되는 가사여서 나를 더욱 다
독여준다. '말하는 대로, 말하는 대로 될 수 있단 걸 눈으로 본 순
간 믿어보기로 했지'라는 부분은 꼭 마법의 주문처럼 내 가슴속
에 깊게 파고든다.

세상에는 네모가 너무 많아!

당신이 얼마나 강한지

알 수 있는 시기는

당신에게 남은 선택지가

강해지는 것밖에 없을 때이다.

밥 말리

보통사람, 보통아들, 보통엄마

/

아들이 사고가 나기 전까지는 보통 사람으로 살아가는 것이 지루하고 답답했다. 남들은 다들 성공해서 당당히 멋지게 꿈을 이루며 살아가는데 보통 엄마로 살아가는 나는 도대체 무얼 하고 있는 것일까. 그 좋다는 교사라는 직장도 때려치우고 아들 둘을 키우겠다고 아침부터 지지고 볶고 부스스한 얼굴로, 때론 화가 난 얼굴로 꿈을 지워버린 보통 엄마라는 내 모습이 한심해 보였다.

물론 아이들을 키우는 것은 중요한 일이다. 하지만 나의 경력이 단절되다보니 무언가를 배우러 다니면서 항상 더 인정받고 싶었다. 어린 시기였던 아이 둘을 혼자 놔두고 다니는 것도 마다하지 않았다. 아들 둘은 보통 아들인데 보통 엄마가 되기 싫은 나를 곁에서 지켜보는 것이 얼마나 스트레스였을까.

하지만 나에겐 꿈이 있었다. 더 나은 내가 되고자 하는 꿈 말이다. 솔직히 내 꿈을 이루러 다니기 위해 밖으로 쏘다녔던 것들이 아들의 사고로 이어지는 계기가 되지 않았을까 하는 죄책감을 들기도 한다. 후회도 많이 했다. 보통 엄마들은 다 행복하게 사는 것 같은데 왜 나는 보통 엄마들처럼 살고 싶어 하지 않고 나를 위한 유토피아가 있을 거란 생각에 보이지 않는 파랑새를 잡으러 다녔는지 모르겠다.

보통 엄마가 되고 싶지 않은 나였지만 아이의 교통사고를 맞이하면서 보통 사람, 보통 아들, 보통 엄마가 세상에서 가장 소중한 것임을 깨닫게 되었다. 평범한 가족의 행복과 일상을 더이상 지속하지 못할 것이라는 막연한 두려움과 미래에 대해 사고 난 아들에 대한 걱정이 마음속에 지배적이었다.

평범하게 사는 것이 가장 힘들고 가장 어려운 일이란 사실을 아들의 큰 사고로 깨우치게 되었다. 평범함이 가장 위대한 삶인 것이다. 그런 찰나에 이지선이라는 분의 이야기를 접한 적이 있다.

2000년 7월 30일, 음주 운전자가 낸 7중 추돌사고. 그 현장에 있었던 이지선 씨. 그녀가 타고 있던 차는 폭발했고 화염 속에서 정신을 잃었다. 신체의 55퍼센트에 3도 화상. 수차례 대수술 끝에 의식이 돌아온 그녀. 이때 그녀가 한마디 한다. "지금이 몇 년도인가요?"

죽음의 문턱 앞에서 긴 시간 동안 투쟁해온 이지선 씨는 40번이 넘는 대수술과 재활 치료로 포기하고 싶은 순간도 많았지만 삶이라는 긴긴 레이스를 이어가기로 결정했다. 더 이상 평범할 수 없는 삶을 살아가던 그녀에게 어떤 도전이 기다리고 있었는지를 접하면서 나와 내 아이가 겪고 있는 이 고통은 고통도 아니라고 생각했다.

이지선 씨는 사고 이후 세상이 달라 보이기 시작했다고 한다. 사실 자신은 달라진 것이 없는데 기존의 삶에 녹아들지 못하고 추락하는 자신을 바라보면서 장애인, 노인 등 사회적 약자에 대한 마음을 알게 되었던 것이다. 그래서 그 후 장애인에 대한 관심을 가지기 위해 2004년 유학길을 떠났다. 결국 자신과의 싸움에서 승리한 그녀는 2016년 UCLA에서 박사 학위를 받는다.

평범하지 않을 것 같은 사람도 자신은 사고 이전과 다를 바 없다고 말한다. 단지 주위의 시선이 보통 사람이라 받아들이지 않을 뿐이다. 이것이 문제다. 보통 사람을 보통 사람으로 인식하지 않는 사회 속에서 그녀는 얼마나 힘들었을까?

우리 아들은 겉보기에 보통 사람과 다름없다. 단지 휠체어를 타고 있으며 두 발로 걸을 수 없을 뿐이다. 보통 사람들이 사는 것처럼 생활도 똑같이 하고 있다. 이런 이야기들을 접하면서 보통 엄마와 보통 아들은 힘을 얻는다. 저렇게 절망적인 사람들도 당당히 일어나 꿈을 이루는데 우리 모자가 못할 일은 없다. 단지 내 생각이 한계를 그을 뿐이다.

세상에서 흔들리지 않는 사람은 없다. 누구나 다 고통 받고, 상처받고, 괴롭고 힘들게 삶을 살아간다. 그것이 보통 엄마의 삶이고 보통 아들, 딸들의 삶이고 보통 사람의 삶이다. 특별한 삶이란 사실 존재하지 않는다. 내가 특별하게 삶의 전환점을 만들어 가며 의미를 부여하는 것일 뿐이다.

교통사고를 대하는 자세도 세상에 따뜻한 사람들이 더 많은 것에 초점을 맞춘다면 불행이 아니라 그것은 하나의 또 다른 축복이다. 죽지 않고 아들이 살아 있다는 것만으로도 감사해야 한다. 다시 보통 사람, 보통 아들, 보통 엄마의 생명이 불어넣어졌음으로 이 보통의 삶을 다시 열심히 살아야만 한다. 우리보다 더 극한 고통에 있는 사람들을 위해서 우리는 이 멋진 삶을 감사하며 살아내야 한다.

세상에는 네모가 너무 많아!

제4장

**휠체어에
앉아
바라본 세상**

느림은 삶의 매순간을

구석구석 느끼기 위해

속도를 늦추는

'적극적 선택'이다.

피에르 쌍소

조금 느리지만

현재 세상은 빠르게 움직인다. 우리 어릴 적에는 시간이 워낙에 천천히 흘러서 지루할 때도 많았는데 요즘 아이들은 시간이 너무 빨리 간다고 말한다. 이 아이들은 속도가 중요한 세상에 태어났으니 충분히 그렇게 느낄 수도 있겠다. 무엇이든 빨리 하라는 요구가 넘쳐나니 아이들에게 느린 사색의 시간은 줄어든다.

예전에는 기다림이 미덕이었다. 외출했을 때 누군가에게 연락을 하려면 공중전화 앞에 서 있어야 했다. 동전도 준비해야 하고 다이얼도 눌러야 하고 신호가 가기까지 시간도 많이 걸렸다. 상대가 받지 않으면 답답한 마음에 몇 시간, 아니 몇 분 후에 다시 줄 서서 걸기도 했다.

요즘은 어떤가? 장소와 시간을 가리지 않는다. 기다림의 미학이란 표현은 너무 옛날 말처럼 느껴진다. 속도에 익숙해지다 보니 늦어지면 화를 내고 짜증을 낸다. 충동적이 되기도 하고 참을성도 없어진다. 당연히 시간은 그 속도에 맞춰 더욱 더 빨리 소비되어 버린다.

천천히 걸을 때와 자전거를 탈 때, 차를 탈 때, 기차를 탈 때 볼 수 있는 것들이 각각 다르다. 걸을 때는 사색을 할 수가 있다. 걸을 때는 거의 명상 상태가 되는데, 빠른 기차를 타고 가다보면 밖에 풍경들이 눈에 들어오질 않는다.

아들이 휠체어를 타고 다니게 되면서부터 나의 발걸음은 느려졌다. 아이의 속도에 맞춰야 하기 때문이다. 빨리 달리면 아들의 휠체어는 내뺑군다.

"엄마, 천천히 가."

"재혁아, 오늘은 선생님이 체험학습 간다고 빨리 오라고 했잖아."

"엄마, 아직 시간 많아."

"어, 그러네. 미안해. 천천히 갈게."

성격이 급한 나의 휠체어 미는 솜씨가 불안한 아들은 가끔 엄마의 속도가 빨라지면 경고를 한다. 천천히 가야 한다고. 아직 늦지 않았다고. 충분히 도착할 수 있다고. 경사로에서 조금이라도 주의하지 않고 빨리 가면 휠체어가 데굴데굴 굴러 갈 수밖에 없다.

그러다 보니 항상 느리게 휠체어와 보조를 맞추어 걸으려고 애를 쓸 수밖에 없다. 주변 하나 하나에 신경을 쓰면서 거리에 무엇이 있는지 관찰하며 느리게 걷는다. 아이가 사고 나기 전에는 몰랐던 속도의 느림으로 인해 천천히 걷는 것이 때로는 버겁지만 대체적으로 아들과 휠체어로 세상을 구경하는 건 참 재미있다.

마치 다시 어린 시절로 돌아가 삶의 속도가 느렸던 그때를 경험하는 듯하다. 기다림과 인내의 과정을 통해 배우는 것이 많다. 하늘을 보게 되고 길가에 핀 꽃들과 나무들, 바람결을 느끼고,

햇살의 따뜻함, 붉은 석양, 비의 촉촉함 등 느리게 걸음으로써 비로소 보이는 것들이 더 많았다.

아들이 사고 나기 전에는 무엇이든 빨리 해 성취를 해야만 했고 그렇지 않으면 나만 뒤처지는 것 같아 불안하고 초조했다. 이제는 무엇을 하든지 천천히 하면서 주변에 날마다 존재하는 수많은 기적을 유심히 본다.

얼마 전에 나는 마라톤에 참가했다. 평소에 10km 코스로 뛰었는데 이때는 하프 마라톤에 도전했다. 사실 이 날은 나의 첫 제자 결혼식이 있는 날이어서 고민을 많이 했다. 만약 완주를 한다면 제자의 결혼식에 늦어서 결혼 시작을 볼 수 없을 것이다. 결혼식에 가려면 뛰는 중간에 멈춰야 하기 때문에 완주를 못한다는 아쉬움 사이에서 갈등했다.

마라톤 신청은 한 달 전에 해놓은 것이고 결혼 소식은 일주일 전에 받았기에 둘 사이에서 고민을 많이 했다. 어디에다 초점을 둬야 할까 선택에서 갈팡질팡할 때 가장 소중한 것에 의미를 두면 되는데 나는 두 마리 토끼를 다 잡고 싶은 생각에 대회날도 아닌데 미리 걱정부터 했다.

마라톤을 위해 미사리 조정경기장에 갔을 때에는 그런 고민이 다 사라졌다. 할 수 있는 데까지 아주 천천히 뛰다가 내면에서 시키는 소릴 따르자고 결론을 내렸다. 기록을 내려고 애쓰는 분들은 처음부터 전속력으로 달린다. 하지만 나는 기록이 필요하지 않다. 그냥 뛰는 것에 의미를 둔다. 더군다나 제자의 결혼식이 있으니 천천히 즐기면서 운동한다 생각하고 뛰었다.

이어폰을 꽂고 자기계발 강연을 들으며 천천히 뛰다보니 하늘도 보이고 추운 날씨마저 느낄 수 있었다. 강물도 바라보면서 맑아지는 마음의 소리도 느낄 수 있었다. 하프 코스의 모든 주자들이 빨리 달렸기 때문에 나는 꼴찌로 천천히 뛰면서 주변을 즐기고 있었다. 아무도 없으니 조용해서 좋기까지 했다.

즐겁게 나만의 속도로 달리는데 내가 꼴찌가 아니라는 사실을 깨달았다. 뒤에 형광 주황색 옷을 입은 분이 다리를 절뚝절뚝거리며 천천히 걷듯 뛰어 오는 것이 아닌가. 나는 내심 좋았다. 꼴지가 아니었기 때문이다. 꼴찌가 아닌 나 자신을 대견해 하며 동시에 그 분을 기억하기 위해 사진도 찍었다. 빨리 뛰어야겠다는 생각이 없었기 때문에 이런 광경도 놓치지 않고 즐겁게 뛰던 찰나 토끼와 거북이가 생각났다.

꼴찌로 절뚝거리며 뛰던 분은 할아버지인 줄 알았는데 그가 갑자기 내 앞을 가로지른다. 알고 봤더니 아주 젊은 남자였다. 한쪽 다리를 절뚝거리는 걸 봐서 편마비 증상이 있는 것 같았다. 그 젊은 사람이 할아버지인 줄로 착각해 더 천천히 걷듯이 뛰었던 내 자신을 보며 반성했다. 이런 분도 저렇게 열심히 뛰며 도전 하는데 나는 내 자신을 너무 믿고 자만했던 것이다. 이게 내가 살아온 방식은 아니었을까.

나는 건강한 신체와 다리를 가졌는데 뭘 더 바라고 뭘 더 기대했던 것일까? 무엇이 더 필요하단 말인가. 속도가 빨랐을 때에는 보지 못한 부분들을 깨닫게 되면서 느리고 불편하게 뛰더라도 마지막 골인 지점을 당당히 통과할 수 있다면 그걸로 충분하지 않을까?

결국 제자의 결혼식을 가야 했기 때문에 완주하진 못했지만 큰 깨달음을 얻었다. '느리게 살더라도 중요한 교훈들을 놓치지 말라는. 그리고 건강한 신체를 가지고 있음에 감사해야 한다는.'

인생 완주는 누구나 할 수밖에 없다. 두려울 수도 있겠지만 죽음이란 인생의 완주를 위해 우리는 삶의 과정에서 어떤 배움을 얻을 수 있을까? 속도, 성공, 성취, 개발, 성장이라는 삶의 큰 목표를 좇아가느라 너무도 바쁘게 달리다보면 어느새 죽음이라는 결승점이 다 보인다.

비록 하프 코스를 다 뛸 수는 없었지만 삶의 중요한 다른 가치, 즉 제자의 결혼식을 놓치지 않고자 천천히 주변을 즐기다 깨달음을 얻은 것에 의미를 두었다. 그렇게 마음을 천천히 바라보니 모든 스트레스가 사라지는 듯했다.

결국 제자의 결혼식에서 15년 전 우리 학급의 반 아이들을 만날 수 있었다. 어느덧 한 아이의 엄마도 있었고, 곧 아이 엄마가 될 임신한 아이도 있었다. 내 눈에는 여전히 아이들로 보일 뿐이다. 너무나도 뿌듯하고 행복했다. 우체국 국장인 된 제자도 있고, 요가 강사가 된 제자도 있었다.

나의 제자들은 주변을 돌볼 줄 아는 아이들이었다. 친구와의 관계, 웃어른들에 대한 예절과 배려를 아는 아이들이었다. 그때 그 아이들이 어느새 너무도 잘 커서 나를 보더니 선생님이라면서 울먹거리며 눈물을 흘려준다. 오늘 이 자리에 오기까지 있었던 일들에 대해 다시 한번 생각해보았고, 다시 한번 감사하게 된다. 그러고 보니 나는 결국 느린 두 마리 토끼들을 다 잡았다. 이 날은 무엇보다도 행복했다.

"엄마, 결혼식과 마라톤 어땠어?"

"어, 둘 다 재미있었어. 마라톤은 끝까지 못 뛰었어. 제자 결혼식은 정확히 시간을 맞추어서 갔지."

"잘했네. 엄마 나는 형아랑 축구했어."

"그래, 누가 몇 대 몇으로 이겼어?"

"형아가 당연히 이기지."

"이제 형아가 너무 잘하니까 점수를 내는 방식을 달리 해봐."

"어떻게?"

"형이 똑같이 점수를 내는 것이 아니라 형은 20점 내는 것이 너의 10점 내기와 같은 거야."

"그럼 너무 형이 불리하잖아."

"그렇지만 재혁이는 휠체어를 타서 느리게 가니까 출발점부터 다르게 해야 공정하지?"

"그건 그래."

아들의 휠체어를 밀면서 이전에 보지 못했던 것을 보는 것뿐만 아니라 삶의 목적과 철학에 대해 생각해 보았다. 누구나 인생의 목표가 있어서 빠르게 어딘가를 향하고 있다. 속도에 치여 정신없이 달리다 보면 찰나에 존재하는 수많은 기적들을 보지 못하고 나중에 후회할까봐 안타까울 때가 많다. 주변을 둘러보지 않고 바쁘게 뛰어다니는 사람들에게 잠시 멈춰서 하늘을 보고, 지는 저녁의 석양을 보며 얼마나 세상이 아름다운지 느껴보라고 말하고 싶다.

'인생은 속도가 아니라, 방향이다'라고 괴테가 말했다. 어차피 태어난 순간 인간의 운명은 한 방향으로 정해져 있다. 그 길을 따라 천천히 걸으며 지금 이 순간에 행복할 수 있는 것들에 집중해야 한다. 아들과 나는 속도를 늦추지만 그 방향이 아주 올바른 삶의 방향임을 느끼고 오늘도 조급한 마음을 버리고서 아주 천천히 느리면서 불편하게 생활한다.

휠체어를 탄 아들을 돌보면서 괴롭다고 고통스럽다고 이 현실에서 도망쳤으면 나는 지금의 행복을 누릴 수 있었을까? 바쁘다는 핑계로 미소 짓는 아들의 얼굴을 외면한 채 다른 행복을 찾겠다고 혼자 외면해버렸다면 아들의 삶은 어땠을까?

실제로 이런 휠체어를 탄 아들을 돌보기가 힘들다며 현실에서 뛰쳐나가 도망쳐버린 지인을 알고 있다. 그 분의 심정도 이해가 간다. 느림이라는 삶을 견뎌내지 못하는 사람들은 쉽게 포기할 수도 있을 것이다. 하지만 시간이 흘러가는 것에 의미를 두지 않고 현재에 집중하며 지금 누릴 수 있는 행복을 더 즐기게 해 준 우리 아들의 휠체어에 나는 감사한다.

세상에 가족이란 존재가 있고 우리 아들을 매일 돌볼 수 있다는 것이 얼마나 큰 행운인 줄 이전에는 미처 알지 못했다. 삶의 여유를 즐길 수도 없이 세상을 원망하면서 살아갔을 것이다. 멈추지 않을 것만 같은 속도에 얽매여 있는 당신이라면 지금이라도 잠시 멈춤을 누릴 수 있는 기회를 놓치지 말아야 한다.

세상에는 가족이 있기 때문에 잠시 쉬어가며 여유를 누릴 수 있다. 영어 단어 중 family는 father(아버지)의 fa, mother(어머니)의 m, I(나), love(사랑)의 l, you(너)의 y를 결합한 것으로, '아버지, 어머니, 나는 당신을 사랑합니다'라는 뜻을 가지고 있다. 휠체어를 타고 세상을 구경시켜주는 엄마가 있기에 아들은 항상 웃을 수 있다. 아들을 향한 아버지의 강한 사랑이 있기에 우리 아들은 비바람이 몰아쳐도 잘 헤쳐 나갈 수 있다. 늘 씩씩한 형이 있기에 같이 놀고 대화하며 고민을 나눌 수 있다. 이 가족이 휠체어를 만나 전에는 누릴 수 없는 느림의 여유를 지금은 마음껏 누리고 있는 중이다.

세상에는 네모가 너무 많아!

역경 속에서도 계속 의욕을 가져라.

최선의 결과는 곤경 속에서

나오는 경우가 많다.

마틴 브라운

조 금 힘 들 지 만

아들과 휠체어로 갈 수 없는 곳에서는 내가 아이를 안아야 한다. 남편이 있을 때는 번갈아 가면서 아이를 돌보니 덜 힘든데 혼자 아들을 데리고 나갈 때에는 생각보다 힘들다. 그래도 아들을 안아줄 내 가슴이 있다는 것에 감사하려 한다.

"엄마 좀 더 올려서 업어줘."

"재혁아, 왜 불편해?"

"뒤에 바지가 내려간 것 같아."

"그래 어디보자!"

다시 아들을 치켜 든다. 아들의 몸이 점점 자라 많이 컸다. 키도 많이 자랐고 다리는 움직이지 않지만 하체가 무거워 휠체어에서 다른 곳으로 옮길 때에는 여간 신경이 쓰이는 게 아니다. 휠체어란 좋은 수단이 평소에는 힘을 덜어주지만 아직까지 휠체어가 갈 수 없는 곳이 여전히 너무 많다. 특히 아이가 좋아하는 볼링장, 놀이공원이나 워터파크에 갈 때에는 엄마가 아들의 손과 발이 다 되어줘야 한다. 내가 체력을 기르기 위해 운동을 하지 않았으면 힘들었을 것이다. 이런 도움이 필요한 아들을 위해 평소 운동을 많이 해 체력을 길러두었다. 조금 힘들지만 그래도 아직까지는 남편 부재 시 혼자 아들을 돌보는 것이 그리 버겁지는 않다.

텔레비전에서 아프리카 아이들이 기아와 병, 가난, 배고픔으로 허덕이는 모습을 봤을 때 우리는 그래도 저 아이들과 가족들보다는 힘들지 않다며 내색을 하지 않으려 한다. 누군가가 그렇게 먹고 싶어 하는 음식이 있고, 집이 있고, 엄마, 아빠가 있으니 아들은 그래도 잘 살고 있는 것이다. 학교에서 교육을 받을 수 있다는 것도 크나큰 축복이다. 가난으로 인해 고통 받으며 아무런 교육을 받을 수 없는 아이들이 얼마나 많은가? 힘들 때마다 그런 사람들을 떠올리면서 감사하게 된다.

아직 아들은 어려서 자신의 몸이 불편한 것이 어떤 의미인지 잘 모르고 노는 재미에만 푹 빠져 있다. 이런 아들에게 지금의 모습일지라도 많이 감사하며 살아야 한다고 교육하고 있다.

"재혁아, 세상에는 먹지 못해 죽는 아이들도 있어. 아프리카에는 먹을 게 없어서 하루에 한 끼만 겨우 먹는데 병에도 잘 걸려서 고통 받고 있단다. 그런 면에서 우리는 많이 행복한 거야."

"그건 그렇지."

"우린 그 아이들보다 더 많이 가지고 있고 더 잘 먹고 교육을 받을 수 있고 문화생활을 할 수 있으니 어떤 상황에서도 감사해야 해."

"응, 엄마."

아들은 엄마의 가르침을 잘 알아듣는다. 그럴 때면 엄마로서 보람을 느낀다. 아들이 비록 사고가 나서 휠체어를 타고 다니지만 속이 참 깊다는 것을 느낄 수 있다. 또래 아이들보다 생각이 더 깊고 삶에 대해 더 많이 고민하고 있는 것처럼 보인다. 때로는 나의 고민에 대해 상담해주고 해결책도 제시해준다. 이런 때에는 보람을 많이 느낀다.

"재혁아, 엄마가 누구한테 편지를 보낼 건데 내일로 미루면 안 되겠지?"

"당연하지. 엄마 지금 보내야 해."

"그런데 엄마가 어떤 물건을 선물로 받았는데 안 쓴다고 다른 사람에게 주면 될까, 안 될까?"

"그건 아니라고 보는데."

"왜 그렇게 생각해?"

"응, 말이야 그건 상대방이 새 물건을 받길 원하지 다른 사람이 준 걸 받는 걸 원하지 않기 때문이지."

"재혁아, 너는 어떻게 그렇게 상대방의 마음을 잘 읽어. 넌 천사 아니야? 천사?"

"몰라."

아들은 공감 능력이 뛰어나다. 예절과 예의도 잘 지키고 사람들에게 불편을 끼치는 걸 굉장히 싫어한다. 스스로 할 수 있는 건 스스로 다 하려고 한다. 그런 면에서 이 아이를 키우며 육체적으로는 조금 힘들지만 보람은 다치기 전보다 크다. 아들이 다치지 않았더라면 내가 과연 이렇게 아들을 통해 배우는 것이 많았을까 하는 생각이 들기도 한다.

아들이 학교에서 체험학습을 갈 때면 나는 며칠 전부터 버스 탈 때 누가 아들을 업거나 안아서 타야 할지를 알아봐준다. 아들은 일반 학교에서 수업을 받지만 도움반이라는 특수학급이 있어서 체육 시간이나 체험학습 시간에 공익근무요원의 도움을 받을 수 있다. 하지만 그러한 도움을 그다지 원하지 않는다. 스스로 할 수 있다고 여기기 때문이다. 그런 면에서 내 아들이 자랑스럽다.

아이에게 장애가 생겨서 그런지 대중매체에서 접하는 장애인에 대한 이야기를 그냥 스쳐 지나가지 않고 늘 자세히 본다.

로즈라는 이름을 가지고 있는, 선천적으로 다리가 없는 사람이 있다. 콜로라도 주 푸에블로의 한 작은 마을 출신인 로즈 씨는 태어날 때 두 다리가 심하게 변형돼 있고 뼈가 들어 있지 않다는 사실을 알게 되었다. 선골형성부전증이라는 병으로, 선골이 발달하지 않음으로써 다리뼈가 제대로 형성되지 않은 상태로 태어난 선천성 질병이었던 것이다. 의사의 권유로 두 살 때 두 다리를 절단했지만 장애를 가지고도 오빠와 장난도 치며 밝게 어린 시절을 보냈다. 이 활발함은 어디에서 오는지 방송국에서 인터뷰를 했다.

"부모님은 절 평범하게 기르셨습니다."
"뭐든 주저하지 말고 도전하라고 입버릇처럼 말하셨죠."

아버지가 만든 특제 삼륜차를 타고 밖에서 놀고 때로는 부엌일을 돕기도 하면서 부모의 사랑 속에서 밝게 자랐던 그녀. 집에서는 행복했지만 머지않아 가혹한 시련에 직면하게 된다. 초등학교에 다니기 시작해 밖으로 나갈 기회가 많아졌을 무렵 주변 아이들이 로즈를 보며 징그럽고 이상하게 여겨 손가락질을 했던 것이다. 그 후 외출을 꺼리게 된 그녀였지만 어머니는 긍정적인 자세로 로즈에게 이렇게 말한다.

"걱정하지 않아도 돼. 엄마랑 같이 가보자."

주변에서 아이들의 시선을 느끼면 로즈를 옆에 두고 친구들에게 이런 말을 했다.

"딱히 너희들과 다르지 않단다. 조금 키가 작은 것뿐이야."

그런 엄마의 강인한 긍정적인 정신으로 로즈는 다시 밖에 나가게 된다.

"엄마는 장애인이라는 말을 쓰지 않았어요. 단지 생긴 것이 다를 뿐이지 이상한 것은 아니라고 아이들에게 말했어요."

로즈가 좌절해서 울고 있을 때면 울면 안 된다고 말하고 포기하지 말자고 충고하면서 포기하면 아무것도 할 수 없다고 말하는 강인한 엄마의 정신을 보여주었다. 그때부터 로즈는 어떤 일이든 할 수 있다는 생각을 하게 된다. 그녀의 엄마는 강한 긍정의 정신으로 로즈를 밝은 소녀로 성장하게 만들었다.

"스케이트보드만 있으면 남들보다 빠르게 움직이는 것도 가능해요." 그래서 그녀는 16세에 운전면허증을 취득했다. 자동차에 흥미를 가지게 된 그녀는 고교 졸업 후 자동차 수리 공장에 취직했다. 여러모로 낮은 자세를 많이 필요로 하는 자동차 수리는 그녀에게 천직이나 마찬가지였다. 결국 그녀는 우수한 업무 능력을 인정받게 된다. 그러던 어느 날 로즈는 25살에 거래처에서 일하는 데이비드를 만나게 되었다.

"그동안 만났던 사람들은 대부분 힐끔힐끔 보거나 동정어린 눈빛으로 쳐다보곤 했었는데 데이비드는 자연스럽게 같은 높이로 제게 말을 걸어주었어요."

남편이 된 데이비드는 로즈를 이렇게 표현한다.

"도와주는 사람도 없이 혼자 스케이트보드를 타고 나타나 당당하게 있는 모습을 보면서 정말 멋있다고 느꼈습니다."

아이를 가지고 싶었지만 로즈는 임신이 가능할 것이라고 상상도 못했다. 정상적인 아이가 나올까 걱정을 하는 로즈에게 친정엄마는 "걱정할 필요 없다. 너는 어엿한 한 명의 여성이니까"라며 큰 힘을 보태주었다. 걱정과 달리 로즈는 딸과 아들을 낳아서 그 힘든 육아의 과정을 장애가 없는 여성보다 더 훌륭하게 해내게 된다. 아들은 그런 엄마를 자랑스럽게 생각해 인터뷰할 때 이렇게 말했다.

"힐끔힐끔 쳐다보는 사람들도 있지만 전 그런 거 전혀 신경쓰지 않아요."

"겉모습은 남들과 달라도 엄마는 뭐든지 다 해내거든요."

로즈의 가족은 날마다 긍정적인 그녀 덕분에 매일매일 즐겁다고 한다. 이러니 누가 힘이 들고 누가 힘이 들지 않다고 말하겠는가? 걸어 다닐 수 있어도 본인의 신세를 한탄하면서 세상을 원망하고 남들보다 더 가지지 않은 것에 대해 불평, 불만하고 남들과 비교해 불행하게 사는 사람들도 많다. 하지만 세상엔 결핍이 가져온 시련을 통해 더 큰 행복을 누리고 있는 사람들도 많다.

우리 가족과 비슷한 로즈 가족의 기사를 읽으면서 나와 같은 동지가 있다는 사실에 기뻤다. 이 세상에는 기쁨이 슬픔보다 더 많고 긍정이 부정보다 더 많다. 세상을 살아가는 방식을 어디에다 초점을 두느냐에 따라 지금 힘든 상황이 천국일 수도 있고 지옥일 수도 있다. 휠체어를 밀고 다니는 나는 이런 이야기에 항상 힘을 얻는다. 손과 다리가 없는 닉 부이치치도 우리 아들보다 더 심한 장애를 가지고서도 전 세계를 누비며 많은 사람들에게 용기와 희망을 불어 넣어주고 있지 않은가?

나는 세상의 모든 일에서 좋은 점을 더 많이 발견하기로 결심했다. 로즈 엄마가 힘든 상황에서 아이들을 훌륭하게 키워낸 것처럼 나 역시 아들을 세상에서 가장 행복하게 키워내기로 결심했다. 그리고 앞으로의 인생길에서 어떤 일이 닥쳐와도 로즈처럼 강인한 엄마가 되어 아들의 꿈을 이루게 하는 강력한 조력자가 될 것이다.

세상에는 네모가 너무 많아!

고통이 너를 붙잡고 있는 것이 아니다.
네가 그 고통을 붙잡고 있는 것이다.

부처

조 금 아 프 지 만

/

솔직히 말하고 싶을 때도 많다. 아들의 장애로 인해 신체적으로만이 아니라 정신적으로도 아픈 날들이 많다는 사실을. 최선을 다해서 하루하루 살아가고 있지만 힘든 건 힘든 것이다. 다만 힘들다는 상황을 오히려 감사하고 있는 마음이 더 클 뿐이다.

세상에는 불치병이나 희귀병을 앓는 사람들이 많다. 이분들은 병이 낫기를 간절히 기도하고 있을 것이다. 그런데 왜 대부분의 사람들은 병 없이 건강하게 사는데 어떤 사람들은 난치병, 희귀병이라는 병이 생겨 약으로도 해결할 수 없을까? 궁금하다.

최근 은총이 아빠이자 평창패럴림픽 성화봉송 주자였던 박지훈 작가의 강의를 들었다. 아들이 태어날 때부터 희귀병을 안고 있었다고 한다. 은총이가 수술을 수십 번 했기 때문에 부모는 병원을 집을 삼아 그곳에서 살아야만 했다. 아들을 세상 밖으로 데리고 나오니 사람들의 따가운 시선 못지않게 힐끔힐끔 쳐다보면서 무심코 내뱉는 말들이 너무나 큰 상처가 되어 은총이 아빠는 자살을 기도하다가 말도 잘 못하는 아들이 아빠의 손을 꼭 잡아주는데 거기에서 힘을 얻었다고 한다.

우연히 텔레비전에서 호이트 부자가 철인 3종 경기에 도전하는 것을 보고 은총이를 위해 달리기로 결심한다. 호이트 부자는 선천적으로 장애를 입고 태어난 아들과 아버지의 눈물겨운 도전의 아이콘으로 전 세계 사람들에게 감동을 주고 있다. 정상인도 힘들다는 철인 3종 경기를 호이트 부자는 휠체어를 특수 제작해 아버지가 밀고 장애가 있는 아들은 휠체어에 앉아 달리는 기분을 맛본다고 한다. 이때 아들이 자신의 장애가 사라진 것 같다는 말을 해 아버지는 더욱 열심히 달린다.

수영도 못하는 아버지가 아들을 튜브보트에 태워 수영을 하고, 마라톤을 해내고, 사이클까지 완주하면서 철인 3종 경기를 성공해낸다. 대부분의 사람들이 엄두도 못 낼 도전을 오직 아들을 위해 호이트 아버지가 해내는 것이다.

"재혁아, 이리 와서 봐봐."

"뭔데?"

"이 영상 속에 아들도 태어날 때부터 몸이 불편해 휠체어를 타고 다니는데 아버지가 이 아들을 데리고 철인 3종 경기를 했대."

"철인 3종 경기가 뭐야, 엄마?"

"응 재혁아, 혼자서 마라톤, 수영, 자전거 타기를 다 하는 거야. 마라톤 하나만으로도 힘든데 이 세 가지를 다 하는 거지."

"너도 마라톤 해볼래?"

"엄마, 난 싫어."

"형아랑 뛰어. 그럼 재혁이는 뭘 할 때 좋아?"

"여행 갈 때."

"마라톤은 별로야?"

"응."

"휠체어 마라톤도 재미있을 것 같은데."

"엄마나 좋아하지. 난 싫어."

달리고 싶다는 아들의 소망에 호이트 씨는 "아이의 눈을 바라보며 달리고 싶었다"라고 말했다. 전신마비의 중증 장애가 있는 아들과 함께 철인 3종 경기를 완주한 호이트 부자의 얘기가 전 세계를 감동시키고 있다. 이런 영상을 접한 은총이 아빠는 아들을 위해 살기로 결심한다. 아들의 따뜻한 손의 체온이 아빠의 마음을 움직였던 것이다.

아들을 유모차에 태우고 마라톤을 뛰며 철인 3종 경기를 시작하던 날, 주위에 있던 사람들이 은총이 아빠를 응원했고 손가락질하던 사람들이 이제는 위대하다, 대단하다, 멋지다는 말로 응원해주니 더욱 살아야겠다는 생각이 들었다고 한다. 주위의 따가운 시선에서 이제는 대단한 도전을 이어가는 은총이 아빠로 새로운 삶을 살고 있는 박지훈 작가의 감동 이야기 때문에 눈시울을 적신 날이 있었다.

기부천사로 많이 알려진 가수 지누션의 션 씨가 은총이와 같이 달려주기도 했다. 그분은 은총이를 조카라고 생각하면서 후원

모금도 해주고 있다. 그런데 어느 날 지누션이 희귀병 아이들의 숫자를 이야기하는데 깜짝 놀란 적이 있다. 은총이같이 희귀병을 앓는 아이들이 전국에 100만 명이 넘는다는 것이다. 그렇게 많은 사람들이 아픔 속에서 살고 있다고 생각하니 나와 우리 아들은 더욱 감사하며 살아야겠구나 하는 생각이 들었다.

누구나 자신만의 아픔이 있다. 하지만 주위를 둘러보면 내 아픔과는 비교도 안 될 정도로 더 고통 받고 있는 사람들이 많다. 하반신이 마비된 우리 아들을 보면서 전신을 움직이지 못하는 아이를 키우는 어머니에게 고개가 숙여진다. 세상에는 이렇게 아픈 사람들이 많은데 아들의 사고가 아니었다면 주위를 둘러볼 생각이라도 했을까. 분명 나만 생각하며 살았을 것이다.

아들이 다치기 전에는 이웃을 돌보거나 배려하지 않았다. 나만 잘 살면 되는 줄 알았다. 하지만 아들의 장애는 앞만 보고 가던 길을 멈추고 잠시 세상을 둘러볼 여유를 주었다. 세상에는 아픈 사람들이 너무 많다. 세월호 사건으로 아이를 잃은 부모는 밥을 먹을 수도 웃을 수도 없다고 한다. 위안부 할머니들은 세상의 남자들에게 꽃 한 송이를 받아본 적이 없다고 말한다. 이 분들에게는 무엇이 필요할까? 따뜻한 관심과 배려도 아무런 도움이 되지 못한다. 상처가 너무 크기에, 그 아픔을 잊을 수가 없기에 그 무엇도 가슴 속에 사무친 애한을 풀어줄 수 없다. 마치 가슴에 구멍이 난 것처럼….

밝게 살아야 할 텐데, 라고 건네는 조언도 그들에게는 위로가 되지 않는다. 그 상처를 어떻게 치료할 수 있으랴…. 세상에는 너무도 힘든 사람들이 많다. 이들은 한번 입은 아픔의 상처 때문에 쉽게 아픈 상황에서 빠져 나오지 못한다. 부모로서 주위에 아픈 사람들의 이야기를 매체를 통해 접하거나 직접 볼때면 도움이 되어주지 못할 때가 많아서 애가 탄다.

아들이 장애를 입어 마음이 아프지만 주어진 이 상황에 더욱 더 감사해야 한다는 생각이 든다. 적어도 우리 아들에게는 하루를 더 살아갈 수 있는 호흡이 있지 않은가. 이 세상 사람들이 가장 쉽게 간과하고 있는 사실이 숨을 쉴 수 있다는 것이다. 우리는 매일 일어나 숨을 쉬면서 하루를 살 수 있다. 누군가가 그렇게 간절히 바라고 원했던 하루라는 삶을 우리는 매일 접한다.

하루가 기적이다. 남들이 이루지 못한 소원을 이룰 수 있는 시간이 주어져 있기 때문이다. 이 삶의 호흡은 누가 대신해 줄 수 없다. 자신이 숨을 쉬어야 한다.

멀쩡한 영혼은 가짜라고 한다. 아픔을 겪어보지 않은 사람이 어디에 있으며 평범하게 사는 것같이 보이는 사람도 내면을 들여다보면 상처투성이다. 이런 아픔을 어떻게 슬기롭게 대처하느냐에 따라 아픔이 공부가 될 수도 있다.

세상의 속도에 맞춰 달려가느라 주변을 두루 살피지 못하고 넘어지는 사람들이 많다. 그 속도가 너무 빠르면 다치는 강도도 더 세다. 심장이 쿵쾅거리며 신호를 줄 때에는 멈춰 서야 한다. 아픔을 말로 자꾸 표현하다보면 더 아파지는 느낌이다. 오히려 아픔에서 배울 수 있는 교훈을 찾아내어 잠시 멈춰서 삶이 주는 행복을 들여다봐야 한다.

속도를 가속화시키기 위해 만든 교통수단이 사람들을 원하는 장소로 더 빨리 데려다주기도 하지만 너무 빨리 달리다보면 사고가 날 수도 있다. 아픔은 인간을 성장시킨다. 잘 사용하기만 한다면 친구가 될 수 있다. 잘 타일러서 아픔에게 말을 걸어보고 무엇이 부족하고 무엇이 문제이며 어떻게 사는 것이 잘사는 것인지 아픔이 질문하게 만든다.

어느 날 아이를 잃은 슬픔을 가진 엄마가 부처님에게 찾아가 이런 말을 했다.

"부처님, 저희 아이가 죽었습니다. 다시 살릴 방법이 없습니까?"

"그래, 방법은 하나 있긴 하다. 내가 하는 방법대로 하면 아이가 살 수 있으니 집집마다 방문해서 겨자씨를 구해 오거라."

"어, 그거 쉬운 것 같습니다. 당장 해볼게요." 아이를 잃은 엄마가 희망에 차서 대답했다.

"단, 그 집안에 죽은 사람이 없다고 얘기하는 사람의 씨앗을 구해 와야 한다."

"네, 알겠습니다."

여인은 한참 마을을 돌며 집집마다 방문해 "혹시 집에 죽은 사람이 없었던 적이 있나요?"라고 물어보았다. "아니요. 없어요." "얼마 전에 부모님이 돌아가셨어요." "남편이 죽었어요." "아이가 태어나자마자 죽었어요." "할머니가 돌아가셨어요." 여인은 깨달았다. 왜 부처님이 죽은 사람이 없는 집에서 겨자씨를 구해 오라고 했는지를…. 결국 아픔에 대한 큰 깨달음을 얻은 아이의 엄마는 부처님의 제자가 되었다고 한다.

이 세상에 아픔이 없는 사람이 어디 있겠는가? 그 아픔을 자꾸 아프다고 말하고 괴로워하면 더욱 마음이 아파진다. 우울한 사람이 우울하다고 계속 말하면 우울함이 더 커지듯이 감정과 생각과 행동의 초점을 어디에 두느냐에 따라 아픔이 행복이 될 수도 있고 아픔이 더 큰 아픔을 초래할 수도 있다.

우리 아들과 나는 비록 휠체어를 사용하며 세상살이를 하지만 그 아픔을 더 꺼내어 굳이 '더 아프다' '정말 아프다' '못 살겠다' 등 이런 식으로 아픔을 대하지 않는다. 이제는 그 아픔도 우리의 중요한 교훈으로 껴안고 같이 걸어가고 휠체어를 밀고 다니려고 한다. 휠체어에 앉아서 본 세상은 아프지만 그건 더 이상 아픈 게 아니다.

세상에 가장 적게 귀를 기울이는 사람이
가장 강한 정신의 소유자인 경우가 많다.

윌리엄 워즈워드

엄마만이 볼 수 있는 세상

세상의 모든 엄마들은 아이가 잘되기만을 바란다. 모성애 때문인지 무의식적으로 아이가 위험에 처하면 보호하려고 한다. 아이가 어려움을 겪으면 도와주고자 한다. 세상의 상처로 인해 고통 받아 엄마의 사랑을 발휘하지 못하는 사람들도 있다. 그래도 엄마의 마음이란 자식을 향한 세상의 전부라고 할 수 있다.

여자는 약해도 엄마는 강하다. 이 세상 모든 사람들은 엄마라는 소리만 들어도 다들 울컥한다. 그만큼 엄마가 자식을 키울 때 수많은 고통이 있었기에 인간이란 존재가 강해질 수 있다. 엄마들이 볼 수 있는 세상은 그래서 강하다. 어떤 비바람도 막아주고 어떤 고난이 와도 자식이 잘해내리라 믿고 싶은 게 엄마다.

엄마는 세상을 긍정적으로 보는 사람이다. 특히 아이가 아프거나, 장애가 있거나, 고통을 받는 중이라면 더 긍정적으로 바라봐야 한다. 왜냐하면 엄마가 세상을 어떻게 바라보느냐에 따라 아이들이 마음 속 세상의 그림을 아름답게 그릴 것이기 때문이다. 엄마가 세상을 우울하거나 어둡게만 본다면 아이들도 그렇게 볼 수밖에 없다.

반대로 엄마가 세상을 아주 안전한 곳이자 살 만하고 즐거운 곳이라고 바라보면 아이들도 마찬가지로 엄마처럼 그렇게 세상을 바라본다. 아이는 엄마의 거울이다. 엄마가 생각하고 말하는 대로 그대로 따라한다. 그러니 아이를 잘 키우기로 작정했다면 세상을 밝고 좋은 곳으로 바라보기 위해 노력해야 한다. 만약 상처가 많고 용기가 나지 않고 우울한 엄마들이 있다면 아이를 위해서라도 반드시 그 마음에서 빠져 나올 수 있는 방법을 생각해야 한다. 필요하다면 전문가에게 도움을 요청하는 것도 좋다.

휠체어에 앉아서 세상을 바라보는 우리 아들은 사람들의 얼굴이 아니라 항상 허리 부분에 눈을 맞춘다. 세상을 살아가는 데 다른 사람들보다 높은 곳이 아니라 낮은 곳을 바라본다는 의미이다. 하지만 이 아이는 누구보다 행복하다. 세상을 긍정적으로 바라보고 항상 즐겁고 행복하려고 노력하는 엄마가 있기 때문이다.

나는 세상을 가시밭으로 보지 않는다. 이제는 그럴 필요가 전혀 없다. 왜냐하면 내가 아이를 위한 거름과 흙이 되어줘야 하기 때문이다. 좋은 흙과 밭에서는 좋은 싹이 자라서 풍성한 열매를 맺는다. 반면 척박하고 돌덩어리도 많고 메마른 땅에서는 아무리 씨앗을 뿌려도 발아하지 않는다. 그처럼 엄마가 아이를 잘 키우려면 공부나 다른 지식적인 측면도 중요하지만 마음이라는 커다란 우주 같은 밭에다 좋은 걸 심어주는 편이 아이의 미래를 위해 좋다.

우리 아들을 위해 나는 세상 사람들을 더 많이 섬기기로 결정했다. 아이에게 장애가 있다고 포기하지 않고 어떤 일도 꿋꿋이 인내하고 참고 견디어 아이의 꿈을 이루는 데 조력자가 될 것이다. 내면이 강한 아이로 자라나게 할 것이다. 사람들이 편견을 가지고서 아들을 바라봐도 세상에는 다양한 사람이 있을 뿐이라고 얘기하면서 위로해줄 것이다.

　예전에 부모교육 강사의 이야기를 듣고 감명 받은 적이 있다.
장애가 있는 아이가 동네에서 놀림을 받고서 집에 왔는데 엄마
가 이런 말을 했다고 한다.

"엄마, 아이들이 장애가 있다고 자꾸 놀려."
"그래, 어디서 그랬어. 누가 그랬어?"
"저기 밖에서 철수가 그랬어."

엄마는 철수의 집으로 찾아갔다.

"철수 너 이리 와봐. 우리 아이한테 당장 사과해. 장애라는 것
이 나쁜 것이 아니야. 누구나 살면서 장애를 입을 수도 있어. 모
든 사람들은 동등하게 인권적으로 보호를 받아야 해."

　장애 아이의 엄마는 아주 완강하게 자기 아이를 놀린 철수에
게 사과하라고 말했다. 그런데 그 순간 그 장면을 바라보던 철수
엄마가 아름다운 모습을 연출했다.

"철수야, 너 사람을 놀리거나 인권을 침해하는 말을 하는 것은 아주 큰 잘못이야. 지금 당장 사과하지 못해!"라고 단호하게 아이를 훈육했던 것이다. 아이는 엄마의 강력한 방패막으로 인해 장애가 더 이상 숨기거나 회피하거나 나쁘거나 놀림의 대상이 아니라 당당할 수 있다는 것임을 느끼게 된다. 이후 그 장애 아이의 자존감은 말할 수 없을 만큼 회복되었다고 한다. 철수도 다시는 어떤 사람들이 자신과 다르고 모자란 면이 있고 불편한 면이 있더라도 놀리거나 깔보거나 비웃지 않게 되었으리라.

농부들은 봄에 씨앗을 뿌리고 여름에는 비가 와서 잡초가 무성하게 자라나면 잡초를 뽑느라고 정신이 없다. 병해충을 잡기 위해서 농약도 뿌리고 갖은 노력을 다한다. 아이의 자존감을 회복시킬 수 있는 사람은 바로 엄마다. 어릴 적 엄마가 아이에게 어떻게 자존감을 심어주느냐에 따라 아이는 훌륭한 열매로 자라기도 하고 자라다가 멈춘 시든 식물이 될 수도 있다.

나는 우리 아들의 자존감을 위해 애써 왔기 때문에 학교에서나 밖에서나 아들이 장애를 입었다고 놀림 받지 않는다. 간혹 "장애인이다. 아픈 아이다"라고 말하는 아이들이 있는데 그러면 나는 아들에게 이렇게 얘기한다. "그 사람들이 우리 재혁이에 대해 몰라서 그럴 거야. 우리 재혁이는 아픈 곳이 없지? 단지 불편할 뿐이야"라고 아들이 자존감을 펼칠 수 있게 방패막이가 되어준다.

실제로 우리 아들은 하반신이 마비되어서 감각을 전혀 느끼지 못한다. 그래서 아픔을 느끼지 못한다. 아프지 않다. 하지만 그런 사정을 모르는 사람들은 휠체어를 타고 있는 재혁이를 보며 아프지 않을까 하고 생각하는데 사실 아픈 곳이 없다. 단지 걸음을 못 걸을 뿐이다. 아이가 사고로 다치긴 했지만 어디 아프다고 말한 적이 별로 없다는 것은 천만다행이다.

세상 사람들이 아들의 장애에 대해 뭐라 이야기한다고 해서 그것들에 일일이 반응하고 상처받고 고통받으면 아이에게 좋을 것이 하나도 없다.

아들의 자존감을 위해 세상의 편견에 엄마는 귀 기울이지 말아야 한다. 동양의 《탈무드》라 불리는 중국 명나라 말기의 어록집 《채근담》에는 이런 얘기가 나온다. '마음이 활동을 쉴 때 달이 뜨고 바람이 불어오니, 인간 세상이 반드시 고통의 바다인 것만은 아니다.'이는 마음을 멈춰야 한다는 말이다. 사람들을 부정적으로 대하는 마음을 멈추고 이 세상에는 더 좋은 많은 것들이 있다고 생각해서 사물의 긍정적인 측면만을 바라봐야 한다는 뜻이기도 하다.

더 나은 세상을 향해 세상 사람들과 보조를 맞추어 휠체어가 나아가기 위해서는 어떤 세상의 풍파에도 웃을 수 있는 용기가 필요하고 마음을 멈추는 훈련이 필요하다.

아들은 엄마의 마음 밭에서 자라나는 채소와 곡식과 열매를 먹고 성장한다. 모든 것은 엄마가 세상을 바라보는 방식에 달려 있으니 더 많이 웃고 더 많이 선행을 베풀고 주변 시선을 따뜻하게 보듬고 끈기와 인내로 살아간다면 우리 아들의 미래가 더 밝을 것이다. 그리고 무슨 일이 있을 때마다 '좋은 일만이 가득하다'라고 긍정한다면 어떤 부정적인 사건도 좋은 일로 바뀌게 될 것이다. 내가 세상을 어떻게 바라보느냐에 따라 아이의 현재와 미래가 결정된다. 오늘도 우리 아들은 항상 행복하게 웃는다. 자신이 세상에서 가장 행복한 사람이라고 하면서….

세상에는 네모가 너무 많아!

제5장

**동그란
세상을
위하여**

당신이 얼마나 강한지
알 수 있는 시기는
당신에게 남은 선택지가
강해지는 것밖에 없을 때이다.

밥 말리

배 려 와 양 보

어느 기분 좋은 날, 조조 영화를 관람하려고 아침 일찍 백화점에 위치한 어느 영화관으로 향했다. 엘리베이터를 타려는데 백화점 직원들이 분주하게 일하느라 엘리베이터가 좀처럼 내려오지 않았다. '왜 이렇게 안 내려올까?'라고 생각하던 찰나에 마침내 내려왔다. 아니나 다를까 백화점 직원이 옷을 가득 걸어둔 행거를 운반하느라 그렇게 늦은 것이다.

나는 곧바로 그분을 돕기 시작했다. 행거를 엘리베이터 밖으로 빼내는 작업이었다. 그 직원은 연신 "고맙습니다. 감사합니다"를 외쳤다. 더없이 바쁜데 이렇게 자신을 도와준다고 생각하니 천사가 나타난 것이나 다름없다고 생각했으리라. 고맙단 인사를 받으면서 느낀 점은 마음이 참 긍정적으로 바뀐다는 사실이다. 이웃 간에 배려와 양보를 하면 가장 아름다운 언어 '고맙습니다'가 오고 가는 아름다운 세상이 될 수 있다고 생각했다.

아파트에서도 항상 우리 모자를 위해 입구 문을 잡아주는 이웃들을 만날 때마다 세상이 삭막해졌다고 해도 아직까지 이웃을 배려하고 양보하는 사람들이 더 많다는 기쁨을 느낀다. 아들이 휠체어를 타고 다니니 엘리베이터를 탈 때마다 서로 먼저 타라고 말해주고, '닫힘 지연'을 눌러주는 모습에서 우리가 사는 세상에는 여전히 동그랗다는 사실을 깨닫게 된다.

배려와 양보는 서로 손잡고 이 세상을 동그랗게 만드는 가치 있는 덕목이다. 특히 아들이 휠체어를 타고 다니다 보니 배려와 양보를 받을 때가 많다. 그래서 세상이 아직까지는 살 만하고 따뜻한 곳임을 느낀다.

아들을 데리고 엘리베이터가 없는 계단을 올라가려는데 어떤 남자분이 아들의 휠체어를 번쩍 들어준 적이 있다. 그분과 휠체어를 함께 들고 계단 위로 터벅터벅 걸으며 이런 생각을 했다. '이렇게 도와주는 분들을 위해 아들과 내가 희망과 용기와 배려와 양보가 되자'라고….

"재혁아, 저 아저씨 정말 고맙지?"

"어, 엄마. 고맙긴 한데. 흔들리는 휠체어에 앉아 있는 기분이 썩 안전하단 생각만은 안 들어."

"그렇지? 타인이니까 완전히 믿을 수는 없었을 거야. 하지만 재혁아, 세상에는 이런 도움을 주는 고마운 사람들이 있기 때문에 살아가는 게 밝은 거란다."

"그렇지 않은 사람들도 있잖아. 엄마?"

"그렇지 않은 사람들이 많지. 하지만 사람들이 살아온 환경과 현재의 심리상태, 기분 등이 다 달라. 그런 사람들에게도 감사하단다. 세상을 살아가는 데는 그저 존재하는 것만으로도 감사하단 느낌을 받을 때가 많아. 다른 사람들이 있기에 우리가 있는 것이고, 우리가 있기에 다른 사람들이 존재하지. 인간은 혼자 살아갈 수 없어. 항상 타인의 도움을 받고 또 도움을 주면서 살아간단다."

"타인에게 도움을 주는 거라고?"

"그래, 네가 먼저 다른 사람에게 도움을 주면 그 도움을 준 마음이 다 나에게 돌아오게 되어 있어. 세상 이치가 그래."

"그래서 남을 돕는 사람은 행복한 사람이구나. 엄마."

"응, 재혁이가 잘 아네."

"그럼. 나도 그런 것쯤은 다 알지."

"항상 역지사지 정신으로 살아야 해."

"역지사지가 뭐야?"

"응, 역지사지란 말이다. 다른 사람의 입장이 되어서 생각해 보는 거란다."

"나는 나인데 어떻게 다른 사람의 입장이 될 수 있어, 엄마?"

"응, 마음을 그렇게 먹으면서 생각해 보는 거야. 지나가다가 무거운 짐을 들고 가는 할머니를 만났다고 생각해 보자. 그런데 엄마는 건강한 사람이고, 손에 아무런 짐이 없어. 그럼 할머니의 마음을 생각해 보는 거야. 나이가 드셔서 힘이 없으니까 누가 날 도와주었으면 좋겠다고 생각하실 수도 있으니 그 할머니의 입장이 되어서 할머니를 도와드리는 거지. 실제로 엄마는 전철을 탈 때 할머니께서 무거운 짐을 이고 가시면 항상 들어준단다."

"엄마는 좋은 사람이네."

"그런가? 타인을 먼저 돕는 행위가 나를 돕는 것이고 배려하고 양보하는 것이 느린 것 같지만 더 빨리 가는 지름길이야."

《맹자》의 <이루>편에는 '남을 예우해도 답례가 없으면 자기의 공경하는 태도를 돌아보고, 남을 사랑해도 친해지지 않으면 자기의 인자함을 돌아보고, 남을 다스려도 다스려지지 않으면 자기의 지혜를 돌아보라'는 표현이 있다. 이 말은 자기중심적 시각이 아니라 상대의 시각에서 헤아려보라는 삶의 지혜를 의미한다. 어떤 일이든 상대방 입장에서 생각해 본다면 세상은 서로 잘 이해하며 둥글게 잘 굴러갈 것이다. 이런 둥근 세상을 꿈꿔본다.

세상이 동그래지려면 다른 사람의 감정과 생각을 이해하고 '상대방이라면 어땠을까'라는 공감의 능력을 어린 시절부터 키워야 한다. 우리는 이미 초등학교에서 도덕이라는 과목을 배운다. 그때부터 배려와 양보에 대해 기본적으로 배우는데 어른들이 먼저 배려와 양보를 하지 않는 모습을 보이면 아이는 어른을 따라할 뿐이다.

사회적 약자를 보고도 배려와 양보를 하지 않는 나를 발견한다면 토닥토닥 위로해주면서 '그럴 수도 있지. 하지만 다음에는 꼭 배려하자'라고 자신에게 약속하고 반성해야 한다. 정직과 양심과 배려와 양보가 사회의 주요 가치가 되는 날들을 꿈꾸어본다.

휠체어를 탄 아이를 데리고 다니니 이런 사회적 가치가 더 절실하게 느껴진다. 앞으로 살아갈 우리 아이가 네모난 세상이 아니라 동그란 세상에서 배려와 양보를 같이 경험하고 산다면 이 세상이 더 따뜻하고 긍정적이고 행복한 곳으로 바뀌지 않을까 전망해 본다.

엄마인 나부터 먼저 다른 사람들을 돕고 양보하고 배려하며 세상에 있는 수많은 약자들을 도울 때 그런 행동을 보고 아이가 배울 것이다. 그러므로 어른의 역할이 아주 중요하다고 할 수 있다. 이 급변하는 사회에서 속도에 매몰되지 않기 위해서라도 주위에 어려운 사람들을 한 번 더 생각해 보고 그들의 입장이 되어 보는 역지사지 정신이 매우 필요하다.

세상에는 네모가 너무 많아!

뜻하지 않은 사고를 극복해서
자신의 힘으로 기회를
만들어내는 사람은
100퍼센트 성공한다.

데일 카네기

무엇보다 중요한 '기회'

우리 가족은 뜻하지 않은 사고를 당했지만 사랑이라는 아주 강력한 무기로 무장해서 잘 극복해내고 있다. 그러는 와중에 정말 예상치 못한 상황에서 뜻하지 않은 기회가 다가오기도 한다.

"재혁아, 인생에 있어서 사람에게 기회가 언제 올지 모르니 부단히 잘하는 것들을 연습하고 노력해야 해. 지금 네가 하고 있는 클래식 기타 수업도 잘 받고 있지만, 언제 어디에서든 기회가 나타날 수 있으니까 꿈을 가지고 그 목표를 꼭 이루겠단 생각을 해보렴."

"엄마, 나는 이미 세계적인 기타리스트야."

"어, 재혁이도 그렇게 생각하고 있었구나."

"당연하지, 엄마. 내가 그렇게 생각하면 이미 이루어진 것이나 마찬가지야."

"아직 기회가 안 왔는데도 그렇게 생각해?"

"엄마가 매일 꿈을 이루기 위해선 마음속에 강하게 이미지를 떠올린 다음, 그것들이 이미 이루어진 것처럼 느끼라고 했잖아."

"엄마가 하는 말을 다 기억하고 있었네."

"그럼."

"맞아. 언제든지 기회가 올 수 있으니 항상 그 기회들을 잘 잡을 준비가 되어 있고 그럴 만한 가치가 있으며 무엇이든지 할 수 있다는 긍정의 마음을 가지는 것이 기회를 놓치지 않는 길이야."

"나도 그런 건 알아."

"우리 재혁이 다 컸네."

영국의 정치가 윈스턴 처칠은 수상이 되자마자 전쟁을 겪었다. 자신에게 찾아온 고난을 기회로 만들었던 처칠은 하늘에 떠 있는 연이 순풍에서가 아니라 역풍에서 잘 나는 것처럼 전쟁이라는 역풍을 기회로 만들었다. 더불어 '비관론자들은 기회가 왔을 때 위험을 보고, 낙관론자들은 고난이 와도 기회로 본다'라는 명언을 남겼다.

아들과 나는 휠체어를 타고 밀고 다니면서 세상의 동그란 부분을 발견하기 위해 모든 순간을 기회로 바라본다. 걷지 못한다고 해서 비관하고 우울해 하면 아들은 세상을 향해 날개를 펼치지 못했을 것이다. 위기를 기회로 삼아 모든 가능성을 열어두고 어떤 두려움도 맞설 수 있는 날개를 펼친다. 사람들은 아프거나 다치거나 불치병에 걸리면 기적을 바란다. 그래서 미신에 의지하기도 한다.

예전 같으면 그런 기적을 믿지 않고 '그냥 살지 뭐!'라고 여겼을 것이다. 하지만 아들에게 처음 사고가 났을 때 현대의학으로는 고칠 수 없다고 하니 다양한 대체의학을 접하기도 했다. 기치료, 척추치료 등 지푸라기라도 잡은 심정으로 아들을 걷게만 할 수 있다면 뭐든 해 보자고 생각했다. 그러던 중 화계사에 갈 일이 있었다. 그곳에서 어떤 스님 한 분이 아들의 이야기를 듣고

딱하게 생각하시며 태국에서 만난 분에 대해 이야기를 하셨다.

그분을 만나면 기적 같은 일이 일어난다는 이야기를 덧붙이셨다. 예전 같았으면 그런 이야기를 믿지도 않았을 뿐 아니라 그런 말을 하는 사람을 의심했었는데 이제는 모든 것을 기회로 삼자고 여겨 바로 행동에 돌입하기로 작정했다. 아들과 태국에 가서 그분을 만나고 오라는 조언에 바로 다음 날 비행기표를 예약했다. 추석도 다가오고 있었고 갈 상황이 되지 않았는데 내면에서 깊은 울림이 왔다.

"바로 가야 해."

"기회를 기다려라. 그러나 절대로 때를 기다려서는 안 된다"라는 밀러의 말을 떠올리며 마음의 준비가 항상된 나는 아들을 위해 기적을 일으킨다는 태국의 아잔간하 아라한 스님을 만나러 떠났다. 처음에는 남편의 반대가 있을까 걱정했는데 결연한 의지를 가진 나를 남편도 막지 못했다. 하겠다고 결심한 사람을 당해낼 사람이 없다. 우리 아들도 마음은 이미 기적을 경험한 것처럼 신나 있었다.

출국하기 전 태국에서 만날 스님에 대해 사전 조사를 마쳤다. 그분은 우리나라에서 주최한 세계 7대 성자 명상대전에도 오셨던 분이었다. '그런 분을 만날 기회를 왜 나는 잡지 못했을까'라는 생각이 문뜩 스쳤다. 역시 기회는 간절히 원하는 사람에게만 주어지는 것이란 생각이 들었다. 계속해서 기사를 찾아서 읽어나가던 중 태국의 아라한을 꼭 만나야겠다는 강한 생각을 들게 한 것이 이 기사 때문이었다.

아잔간하 스님은 한때 밀림에서 제자들과 생활하던 중 한번 물리면 그 자리에서 사망한다는 9미터 길이의 맹독성 킹코브라의 공격을 받았으나 전혀 동요하지 않고 오히려 자비로운 손길로 코브라를 쓰다듬어 조용히 사라지게 한 사건으로 태국 불교계에 전설로 알려진 분이다. 그래서 꼭 한번 만나고 싶었다. 마법 같은 이런 얘기는 경전에서나 읽었을 법한 얘기가 아닌가?

아들을 살아있는 부처에게 데리고 가면 뭔가 달라질 것 같은 생각이 들었다. 아들도 걷고 싶다는 강력한 소망이 있기에 엄마를 순순히 따라 나섰다. 오래 머무를 수 있는 상황이 아니었기에 2박 3일 일정으로 계획을 세웠다.

새벽에 도착해 호텔 체크인을 하고 잠깐 잠을 청한 뒤 바로 아잔간하 스님이 계시는 수타비 사원으로 가려고 계획을 짰는데 주소만 알지 아무것도 모르는 상황이라 막상 출발하려니 혼란스러웠다. 다행히 호텔 직원들의 도움으로 가는 방법을 자세히 알 수 있었다. 타국에서 처음 느껴보는 친절함에 걱정은 눈녹듯 사라져버렸다.

휠체어를 타고 있는 아들의 모습을 보고서 직원들은 큰 택시를 불러주었다. 마침내 수타비 사원에 도착했다. 우리 모자는 아잔간하 큰스님을 만나겠다는 일념 하나로 이 먼 곳까지 단숨에 날아왔다.

하지만 아잔간하 스님을 만나러 우리만 온 것이 아니었다. 전 세계에서 사람들이 몰려 왔다. 그 중에는 연세가 드신 분, 아프신 분, 젊은 사람, 엄마와 아들 등 다양한 사연이 있는 사람들이 자신의 순서를 기다리고 있었다.

우여곡절 끝에 만난 아잔간하 큰 스님은 우리 아들을 보시더니 불전 앞으로 오라고 하셨다. 깨달은 분의 얼굴 표정은 한없이 평화로웠다. 그 앞에 서면 고개를 떨구고 이마를 바닥에 조아릴 수밖에 없을 정도였다. 마음 속 먼지마저 털어버린 느낌이었다.

원래 큰 스님은 사람들을 축원하실 때 절대 몸에 손을 대시지 않는다고 알고 있었다. 보통 대나무 막대로 축원을 하시는데 우리 아들은 머리부터 발끝까지 직접 손을 대시며 이것저것 물어보시는 게 아닌가. 그냥 눈물이 뚝뚝 떨어졌다. 이건 왠지 깊게 깨달은 분을 만나면 의식이 밝아지고 마음이 정화된다는 그런 현상이 아닌가? 아들에 대해 여러 가지를 물어보신 후 아들과 나도 질문을 했다.

"아들이 교통사고가 나서 다리를 다쳤습니다."
"그래!"
"의사 말로는 걸을 수가 없다고 합니다. 아들은 걷고 싶어 하고 자기가 언제 걸을 수 있냐고 묻습니다."
"걱정하지 마라."

통역해주시는 분도 자비로웠다.

"남편은 어디에 있느냐?"
"회사에 다니느라 같이 못 왔습니다."
"다음에는 같이 오거라. 와서 아들의 휠체어를 드는 것도 도와주고 그렇게 하게 해."

"네."

여자 혼자서 휠체어를 탄 아들을 데리고 태국까지 날아온 마음을 읽으신 걸까? 이상하게 아잔간하 큰 스님이 내 마음을 꿰뚫고 계신 듯한 느낌이 들었다.

"아들이 이런 질문을 합니다. 언제 걸을 수 있냐고요."

"걱정하지 마라. 무슨 일이든 행복하고 즐겁게 해라. 어떤 것이든. 과거에 대해 이야기하는 것은 딱 멈추어라. 더 이상 과거에 대해 말하지 말아라. 무슨 일이든 행복하고 즐겁게. 무슨 일이든…."

"네."

너무나도 단순한 진리가 아닌가? 이 말씀은 이미 수많은 자기계발서에서 하는 이야기라서 나는 다른 대답을 원했던 것은 아니었을까. 하지만 진짜 깨달음을 얻은 그분 앞에서 이런 말을 들으니 가슴이 터질 듯이 감사하고 눈물이 났다.

그분 주변에 계시던 미국인 승려들과 함께 여러 나라에서 온 분들이 아이와 나를 쳐다보면서 안타까워했다. 어느 미국인 여자 승려는 60세쯤 되어 보였는데 영어로 우리 아들과 나에게 이런저런 조언을 해주며 자신의 경험도 이야기해주었다. 아잔간하 큰 스님은 축원의 사탕을 사람들에게 던져주는데 우리 아들한테는 수백 개를 뿌리셨다. 이 상황이 감사하기도 했지만 재미있었다. 사탕 세례를 받는 느낌이었다.

전 세계 사람들이 공양물을 가지고 왔다. 우리도 스님께서 치즈케이크를 좋아하신다는 사실을 알고서 미리 준비해 정성스럽게 공양했다. 아들은 공양을 하는 데 대해 이런 심오한 마음을 가지고 있었다.

"재혁아, 우리 아잔간하 스님께 공양할 치즈케이크를 한국에서 구했으면 좋은 걸 가지고 올 수 있었는데 태국 편의점에서 조그만 것밖에 구할 수 없어서 아쉽다."

"엄마, 정성이 중요한 거야. 크기는 상관없어. 아주 소중하게 다루면 되잖아."

"네가 어떻게 알아? 아잔간하 스님께서 치즈케이크를 좋아하시는데 좀 더 큰 거를 가져다주면 좋잖아? 한국에는 예쁘고 좋은 치즈케이크들이 많은데."

"엄마, 마음과 정성이 중요한 거야. 크기는 상관없어. 지금 이 순간에는 태국에 있잖아. 다음에 올 때는 몰라도 그냥 조그만 거라도 사."

"알았어. 재혁이는 엄마를 가르치는 스승이야. 고마워, 재혁아."

이렇게 정성스럽게 생각한 공양물을 들고서 장거리를 이동하여 오느라 지칠 만도 한데 재혁이는 오히려 사원에서 아주 평화로워보였다. 기회를 잡아서일까. 모든 순간들이 다 행복하고 감사해 보였다.

아잔간하 큰 스님이 말씀하신 '아무 걱정 하지 말고 무슨 일이든 즐겁게 행복하게'라는 단순한 원리가 행복의 지름길인 걸 알면서도 그동안 실천하지 못했던 것이다. 이렇게 큰 스님에게 들어야만 깨달 수 있는 것이 아닌데 말이다. 물론 이렇게라도 기회를 잡아서 깨달음을 얻었으니 너무나도 행복했다. 그동안 살면서 여러 기회가 있었지만 이처럼 좋은 기회는 찾기가 드물었다.

'누구든지 좋은 기회가 없었던 것은 아니다. 다만 그것을 적시에 포착할 수 없었을 뿐이다'라고 카네기가 말했다. 태국의 큰스님과 우리 아들은 이미 연결되어 있었던 것만 같다. 그래서 이것이 기회라는 사실을 깨달을 수 있었던 것은 아닐까. 살다보면 많은 기회가 있다는 사실을 다시 한 번 알게 되었다. 다행히 이번에는 적시에 포착할 수 있었다.

'모든 사람은 경탄할 만한
잠재력을 가지고 있다.
자신의 힘과 젊음을 믿어라.
모든 것이 내가 하기 나름이다'라고
끊임없이 자신에게 말하는 법을 배워라.

앙드레 지드

그래! 할 수 있어!

얼마 전 산에서 새벽에 운동하는 나를 보며 신기해하는 분을 만났다. 호기심에 같이 걸으며 이야기를 나누었다. 이 새벽에 아무도 올라오지 않는 산에서 뛰고 있는 내 모습이 중년 남성의 눈에는 신기하게 보였나보다.

"어떻게 이렇게 아침 일찍 나와서 이 추운 날에 운동을 하고 계세요?" 그분이 나에게 물었다.

"날씨가 춥다고 운동을 하지 않으면 건강할 수 없으니까요."

"그럼 매일 나와서 운동하나요?"

"평일에는 집에서 하고 주말에는 가족들이 늦잠을 자기 때문에 아침 시간을 더 많이 벌 수 있어서 이렇게 산에 와서 뛰거나 테니스를 쳐요. 테니스공에 제 소원을 실어 강하게 공을 치다보면 다 이루어지는 느낌이에요"

"대단하시네요. 보통 분이 아니신 것 같네요."

"아저씨 역시 대단하세요. 새벽에 몇 시에 일어나세요?"

"네 시에 일어납니다."

"와 대단하시네요! 그렇게 일찍 일어나셔서 뭐하세요."

"책을 보거나 하루에 할 일에 대해 생각하고 이렇게 운동을 나옵니다. 요즘은 낮은 산을 다섯 시간씩 걸어요."

"아 그러세요?"

무슨 일을 하는지 궁금해 직업을 물어봤다. 우리나라 배의 모든 모터를 만든다고 했다. 경제적으로 풍요롭게 살고 있고 특히 인관관계를 잘해서 주변에 사람들이 많이 따른다고 한다. 비교적 행복한 사람을 살고 있는 그분이 내 얼굴을 보더니 본인은 사람들을 아주 많이 만나봐서 상대방의 얼굴을 보면 마음을 잘 읽을 수 있다고 얘기했다.

그런데 내 얼굴을 보더니 밝고 명랑하지만 뭔가 어려운 점이 있는 것 같다고 말했다. 마음을 들킨 것 같아 그때부터 아들이 사고가 나서 지금은 걸을 수가 없다고 얘길 했다. 아주 안타까워하면서 마음 속 깊이 슬픔을 공감해주었다. '이렇게 낯선 사람이 나의 애환을 어떻게 공감할 수 있을까?' 그분은 우리 아들을 키우는 게 보통 힘든 것이 아니라고 생각하는 것 같았다.

그렇다. 남들보다 더 많은 손이 가고, 휠체어를 밀고 학교에 데려다주고, 샤워할 때도 엄마가 일일이 들어서 옮겨줘야 하고 여러 가지 힘든 일이 있기에 내 얼굴에 힘듦이 새겨져 있을 것이다. 하지만 나는 그것을 육체적인 고통이 수반된다고는 해도 힘들고 하기 싫은 일이 아니라 당연히 엄마로서 아이에게 해주어야 하는 봉사와 헌신이라고 생각한다.

'할 수 있다'라고 생각하면 정말 할 수 있게 되고, '할 수 없다'라고 생각하면 어떻게든 할 수 없는 핑계와 한계점을 들어 기회를 포기하고 날려버리게 될 것이다. 나는 모든 고통 앞에 초연해지기로 했다. 엄마가 강한 긍정의 믿음과 에너지를 쏟아내지 않으면 우리 아이는 이 험한 세상에서 쓰러질 것이다. 엄마는 아이를 위해 강한 방패막이가 되어야 한다. 적어도 아이가 독립하는 날이 올 때까지는 최선을 다해 '할 수 있다'라는 긍정적 자신감의 자세로 아들에게 모범을 보여줘야 한다. 그래야 이 세상을 안전한 곳으로 인식하고 한 발짝 앞으로 겁 없이 나아갈 것이다.

아들이 다쳐서 걷지 못하더라도 나머지 능력으로 아이가 할 수 있는 일들을 최대한 많이 찾아보고자 했다. 손으로 하는 활동을 좋아하고 똑똑한 면이 있어 바둑을 배우게 했다. 바둑 선생님으로부터 재능이 있다고 인정받고 대회에 나가 상도 많이 받았다. 하지만 현실적으로 아들은 방과 후에 쉬고 싶은데 매일 바둑학원에 왔다 갔다 하면서 힘들다고 얘기해 그 의견도 존중해주었다. 뭐든지 할 수 있다는 부모의 마음이 있으니 아들은 언제나 자신이 원하는 걸 찾을 수 있다.

엄마와 아빠는 아이의 조력자가 되어주기만 하면 된다. 어릴 적부터 다양한 경험을 심어주고 싶어 아이의 치료에 도움이 되는 테니스도 시켜 보았다. 올림픽 선수촌에 장애인테니스 국가대표들이 운동하는 곳에 가서 테니스 지도도 받았다.

처음 라켓을 들고 공을 치는데 휠체어에 앉아서도 상체를 움직여 공을 빵빵 잘 받아냈다. 여덟 살 때니까 어린 아이가 테니스 치는 실력이 예사롭지 않다면서 지금부터 차츰 배우면 훌륭한 선수가 되겠다고 코치분이 칭찬해주셨다. 학교가 끝나고 그 먼 곳까지 가는 것보다 놀고 싶은 마음이 더 큰 아들은 더 이상 테니스는 안 하고 싶다고 말해 그만두게 했다.

그것도 괜찮다. 한번 경험을 해본 것이니 그것으로 만족이다. 세상에는 좋은 것들이 아주 많다. 그리고 그것들을 하나씩 체험하는 것도 나쁘지 않다고 생각한다. 그러니 더 많은 경험을 위해 하나를 포기하는 것은 에너지를 낭비하지 않기 위해서도 꼭 필요하다.

승마 치료도 해보았다. 휠체어에만 앉아 있다가 큰 말 위에 앉아 세상을 위에서 아래로 바라보는 기분이 좋았던가보다.

"재혁아, 뽀미라는 말이 참 예쁘지?"

"응, 엄마. 뽀미가 당근을 잘 받아먹어."

"그렇지? 다음에 올 때도 당근을 많이 가져오자."

"그런데 엄마, 뽀미가 당근을 먹을 때 내 손에 혀가 닿는 느낌이 싫긴 해."

"그래도 엄마 생각에는 깨끗한 것 같아. 말이랑 노니까 좋지?"

"어, 엄마. 그런데 다른 아이들은 외승도 하던데 밖에 나가서 나도 뽀미 타보고 싶어."

"그래. 엄마가 선생님께 말씀드려볼게. 그런데 재혁이는 겁도 없네. 실내에 있다가 바깥에 나가면 울퉁불퉁한 곳이 많고 경사도 있고 그래서 무섭기도 할 텐데. 무섭지 않니? 엄마는 타보지 않아서 모르겠다."

"엄마도 한번 타봐."

"그래 선생님한테 부탁해서 한번 끝나고 타봐야겠다."

"그래도 승마는 무서울 것 같기도 한데."

"엄마 안 무서워."

"우리 재혁이가 씩씩하네."

승마는 재미있었던지 한참을 탔다. 자연에서 안전하게 승마를 배우니 얻는 것이 많았다. '이 세상을 살아가면서 가장 짜릿한 성취감 중 하나는 남들이 불가능하다고 했던 일을 이루어내는 것이다. 주위의 편견과 주변의 악조건을 견뎌내고 보란 듯이 세상과 맞서서 한번쯤 이겨보고 싶지 않은가?' 남들이 하지말라는 것에 도전해 이루어냈을 때의 성취감은 마음의 자산이 되어 할 수 있단 긍정의 정신을 형성한다.

세상에서 가장 힘들다고 하는 일을 손수 나서서 하는 사람들이 있다. 그 사람들은 실패를 실패로 보지 않는다. 오히려 그 실패가 자신의 성장시키는 연료라고 생각한다.

"재혁아, 우리가 뽀미에게 줄 당근을 직접 키워서 유기농으로 주는 건 어떨까?"

"그래, 엄마. 엄마는 텃밭도 잘 길러 봤으니까 씨를 구해서 심는 건 어때."

"저기 요육원 선생님들이 말똥을 거름으로 주지? 자연에서는 모든 것들이 다 순환한단다. 이렇게 말의 배설물이라도 버릴 것이 없어."

"요육원에 텃밭이 있으니 거기에다 씨를 심어."

"그래 우리 한번 심어 보자."

어린 시절부터 아이들이 도전하는 삶을 살게 해서 그런지 아들은 도전할 만한 일이 생기면 과감하게 하는 경향이 있다. 당근을 잘 키워서 뽀미에게 주니 너무도 잘 먹었다. 이것이 산교육이라 생각한다. 아들은 뭐든 다 시도해보는 엄마의 모습을 보며 도전에 능하다.

다치기 전에는 아들이 소파에서 뛰어내리는 놀이를 하며 "나는 할 수 있어. 나는 할 수 있어"라고 외치던 때가 있었다. 그런 자신감과 '할 수 있다'는 생각이 다치고 난 이후 아들의 성격에도 영향을 끼친 듯하다. 휠체어를 타고 다니면 위축될 것 같지만 전혀 그렇지 않다. 물론 트라우마는 있을 수 있다. 하지만 그것을 잘 극복하고 이겨내고 있다.

"아줌마, 재혁이 피구 아주 잘해요." 아이를 학교에 데리러 갈 때 아이의 친구가 하던 말이다.

"그래, 재혁이가 형아랑 집에서 공을 가지고 잘 논단다."

"재혁이랑 팀 하면 진짜 재미있어요."

"그래 고맙구나. 앞으로 사이좋게 잘 지내거라."

"네."

학교에서 아이들과 함께하는 놀이에는 다 같이 잘 놀고 특히 체육시간에 하는 피구를 아주 즐긴다. 공을 잘 던지고 잘 받아서 아이들이 우리 아들과 팀이 되는 것을 좋아한다. 또한 소위 반에서 힘이 있는 아이들이 아들을 항상 잘 도와준다. 자연스럽게 아들은 학급에서 스스로 할 수 있는 것은 절대 도움을 받으려 하지 않고 혼자 다 한다. 무엇이든 "그래! 할 수 있어!"라고 말하는 엄마가 있기에 아들은 학교에 가서든 어딜 가서든 자신감이 넘친다. 평창 패럴림픽에서 외국 감독이 가져온 휠체어 스키도 타면서 무엇이든 할 수 있다는 마음의 근력을 키웠다.

이 책을 읽고 있는 여러분도 아주 큰 잠재력을 가지고 있다. 우리 아들도 자신이 할 수 있는 분야에서는 자신감을 가지고 훌륭하게 해낸다.

오직 우리가 하나로 힘을 모았을 때
모두에게 진정한 행복이 찾아온다.

로버트 뮬러

함께 사는 세상

혼자 가면 멀리 못 가고, 함께 가면 멀리 갈 수 있다. 세상에 태어난 이상 사람들은 수많은 관계를 맺고 살아야 한다. 혼자 살 수 있는 사람은 없다. 아무리 강한 사람이라도 도와주는 사람이 없으면 대풍이 불어오면 쓰러진다. 하지만 조금 부족한 사람이라도 도와주는 사람이 많으면 아무리 큰 시련이 와도 잘 버틸 수 있다.

세상에서 가장 맛있는 밥은 혼자 먹는 밥이 아닌, 가족과 함께 좋아하는 사람들과 함께 먹는 밥이다. 혼자서만 밥을 먹으면 외롭다. 같이 먹는 밥이 맛있다.

남편이 어느 날 저녁에 족발을 먹고 싶다고 했다. 아들과 나는 저녁을 이미 다 먹어서 남편 혼자 족발을 시켜 먹는데 몇 점을 먹다말고 아깝게 젓가락을 내려놓는다.

"왜 다 먹지 않고?"
"그만 먹을래."
"왜"
"맛없어."
"먹고 싶다고 해서 시켰잖아?"
"혼자 먹으니까 무슨 맛인지 모르겠어. 맛이 없네."

남편이 족발도 혼자 먹으니 맛이 없다고 했다. 그렇다. 혼자서 먹는 족발은 맛이 없다. 가족이 같이 먹어야 음식도 맛있게 먹을 수 있다. 이 험한 인생길을 혼자 가는 것은 의미가 없다. 함께 살고 함께 부대끼며 살아야 사는 맛이 난다. 너와 내가 하나가 되어 같이 갈 때 비로소 행복이 찾아온다.

행복한 사람은 남의 입장에서 생각하는 사람들이기에 공감 능력이 뛰어나다. 세상에는 참으로 많은 오해가 존재한다. 이런 오해들은 타인을 겉만 보고 추측하고 판단하는 데에서 생긴다. 공감을 잘하는 사람은 남의 입장이 되어 생각해 보기 때문에 휠체어를 탄다는 것이 얼마나 불편한가를 이해할 수 있다.

공감 능력을 키우지 못한 사람은 겉모습만 보고 휠체어는 나쁘다는 편견과 장애를 가진 사람들은 뭔가 큰 잘못을 한 사람이라고 판단하는 경향이 강하다. 자신과 모습이 다르다고 오해와 편견을 가진 사람들이 많은 세상은 둥글게 돌아갈 수 없다. 항상 네모난 모서리가 쿡쿡 어딘가를 찔러 부드럽게 돌아가지 못하고 끊임없이 덜커덕 소리를 내면서 삐딱하게 돌아간다.

사람들 시선뿐 아니라 사회적 약자를 위한 사회 인프라 구축에서도 우리나라와 선진국이 많이 다름을 느낀다. 일본을 여행할 때가 있었다. 장애를 가진 사람을 최우선시 하면서 지나치다 싶을 정도로 친절을 베푸는데 이러한 모습이 일상이라고 한다. 깜짝 놀랐다. 수영장이 어디냐고 물어본 적이 있다. 갑자기 호텔 직원들이 하던 일을 멈추고서 수영장이 있는 곳까지 안내하는데 휠체어를 계단 아래까지 옮겨주는 것이 아닌가. 이건 친절을 넘어 문화라는 생각이 들었다. 처음 경험한 세상의 동그란 측면에 감탄을 연발했다.

"재혁아, 일본 사람들은 정말 친절하다 그치."

"어 엄마, 정말 그런 것 같아. 사람들이 진짜 친절하네."

"어떻게 이렇게 다를 수 있지?"

"아마도 교육을 받는 것 같아."

"그런가?"

"인사도 허리를 90도로 숙여서 계속 고맙다고 하면서 우리에게 그렇게 말하잖아."

"몸 둘 바를 모르겠다. 재혁아. 친절을 받으니 좋긴 해. 일본이라서 다른 것일까?"

"엄마, 지난번에 필리핀 갔을 때도 사람들이 친절했잖아."

"우리나라와 차이가 뭘까?"

더 나은 세상을 만들기 위해서는 사람들의 인식 개선뿐 아니라 사회적 약자들을 위한 시설적인 측면도 보완이 되어야 한다고 생각한다. 일본에서 본 장애 편의 시설은 여행을 전혀 불편하지 않게 만들어주었다. 한국에는 아직 불편한 점들이 많다. 당장 공항에 가더라도 화장실부터 장애인을 위한 배려가 부족하다.

'배리어 프리(Barrier Free)'라는 개념이 있다. '배리어(Barrier, 장벽)'로부터 '프리(없다, Free)'한 세상을 만들자는 운동으로, 사회생활에 장애가 되는 물리적, 혹은 제도적 장벽을 허물어 고령자나 장애인도 살기 좋은 사회를 만들자는 것이다. 1974년 국제연합 장애인 생활환경 전문가회의가 '장벽 없는 건축 설계(barrier free design)'에 관한 보고서에 대해 논의하면서 건축학 분야에서 먼저 사용되기 시작했다. 장애가 있는 사람도 비장애인처럼 더불어 같이 잘 살기 위해 전 세계에서 이런 운동을 펼친 것은 참 다행이라 생각한다.

이 운동은 이후 일본, 스웨덴, 미국 등 선진국을 중심으로 주택이나 공공시설을 지을 때 문턱을 없애자는 운동으로 전개되면서 세계 곳곳으로 확산되었다. 사람들의 인식이 좀 더 나은 세상을 향해 변하고 있다. 2000년 이후에는 건축이나 도로, 공공시설 같은 물리적 장벽 허물기뿐 아니라 자격, 시험 등을 제한하는 제도적, 법률적 장벽을 비롯해 각종 차별과 편견, 나아가 장애인이

나 노인에 대해 사회가 가지는 마음의 벽까지 허물자는 운동의 의미로 확대 사용되고 있다. 우리나라도 이 영향으로 인해 저상 버스, 지하철 엘리베이터, 공원이나 산에 무장애 숲길 등을 정책적으로 실시하고 있다.

누구나 다 나이가 들면 병을 얻거나 장애를 입을 수 있다. 주변을 둘러보면 가족이나 친지 중 휠체어를 타고 다니는 노약자 등을 쉽게 접할 수 있다. 더불어 사는 세상에서는 이런 장애가 있는 사람도 사회의 한 구성원으로서 엄연히 보호받아야 한다.

대한민국 헌법 제2장 제10조에는 모든 국민은 인간으로서 존엄과 가치를 가지며, 행복을 추구할 권리를 가진다고 명시해 놓았다. 국가는 개인이 가지는 불가침의 기본적 인권을 확인하고 이를 보장할 의무를 진다는 것이다. 세상을 동그랗게 더불어 살기 위해 헌법으로 제정해 놓았는데 국가가 기본 인권과 행복을 추구할 권리를 위해 봉사하지 않을 때가 많아 답답하기도 하다.

도로에 턱은 얼마나 많고 버스나 대중교통을 이용할 때 휠체어가 다니기에는 너무 불편하다. 아는 분이 체조를 하다가 다쳐서 휠체어를 타고 다닌다. 어느 날 휠체어를 타고 다니는 캐나다 친구를 초대했는데 턱이 너무 많아 한국에 오자마자 캐나다로 다시 돌아갔다는 얘길 들었다. 우리 아들과 나만이 느끼는 생활의 불편함이 우리만의 문제가 아니란 생각이 든다. 외국에는 휠체어가 다니기 정말 편리하기 때문이다.

아직 아들은 어려서 엄마가 같이 다니지만 이 아들이 커서 스스로 독립하여 생활할 때쯤에는 휠체어를 바라보는 인식이 바뀌었으면 좋겠다. 혼자 사는 세상이 아닌 더불어 사는 세상에서 모든 사람이 행복하게 살기 위해선 인식의 개선이 가장 먼저 필요하다. 그 다음으로 사회 인프라를 구축하고 장애인이 편하게 거리를 활보할 수 있을 뿐만 아니라 비장애인도 시설의 혜택을 받을 수 있도록 제도적 개선이 아주 많이 요구된다. 함께 사는 세상을 위하여!

큰직한 친절로 큰직하게 이겨라.
최후의 승자는 친절한 사람이다.
힘 없는 사람, 용기 없는 사람은
다만 친절한 척할 뿐이다.

중국 속담

불완전함에 대한
이해와 공감

인간은 누구나 완전할 수 없다. 많은 점에서 불완전함을 안고 살아간다. 하지만 자신에게 없는 무언가를 위해 끊임없이 채우려 한다면 끝도 없을 것이다. 휠체어를 타고 다니고 걸음을 걷지 못하는 불완전함이 있다고 해서 끝도 없이 걷지 못하는 것에 대해 한탄하고 분노한다면 영원히 고통 속에서 허우적 댈 수밖에 없을 것이다. 더불어 현재 가지고 있는 완전함도 사용하지 못하고 시간만 흘려보내게 될 것이다.

그래서 아들의 정신 건강을 위해 나는 처음부터 아들의 사고를 이미 지나간 일이라 받아들이고 불완전함에 대해 이해하고 공감하려고 노력했다. 걷지 못해 뭔가 활동적으로 빨리 할 수 없어 부족하다고 느낄 때 "내 아들은 있는 그대로 참 훌륭하다"라며 아들을 격려하면서 생활했다.

  더 나은 세상을 위해 우리 모두가 불완전한 존재라는 사실을 인지하고 상대방이 힘들어할 때 "당신은 있는 그대로 참 훌륭합니다"라고 격려하면서 생활한다면 세상이 어떻게 바뀔까. 모든 것을 있는 그대로 받아들이는, 불완전함에 대한 이해와 공감이 필요한 시대에 우리는 살고 있다. 세상이 어지럽고 빠르게 돌아간다고 하지만 내 마음을 어디에 두느냐에 따라 느리게 시간을 조절할 수도 있고 빠르게 흘려보낼 수도 있다.

  열등감을 가지고 세상을 살아간다면 무엇을 하든 가지지 못한 측면에만 관심을 가지게 되어 가진 것에 감사하지 못하고 고통 속에서 살아갈 수도 있다. 우리가 가진 열등감을 극복하기 위해선 서로에 대해 격려가 필요하다. 격려를 통해 우리 아들이 가질 수 있는 용기는 '있는 그대로 불완전할 용기'이다. 우리 아들은 휠체어를 타지만 존재 자체만으로도 우리 가족에게는 용기가 된다.

아들이 지금 나와 함께 살고 있어서 우리 가정에 웃음과 미소와 사랑을 준다. 이것 외에 더 필요한 게 있겠는가? 세상을 살면서 여러 가지 일을 겪지만 있는 그대로 모든 것을 받아들인다면 상대방을 이해할 수 있고 공감할 수 있다. 이럴 수도 있고 저럴 수도 있는 것이다. 인생에는 딱 맞는 정답은 없다. 자신의 삶을 살아나갈 뿐이다.

삶은 열등감을 극복해가는 과정이다. 불완전함을 있는 그대로 받아들이고 완전함에 집중하여 그 완전함을 더욱 더 개발할 때 내 안의 열등감이 사라진다. 열등감은 자신이 부족하다는 감정인데 이 감정이 부족함을 해결하도록 행동을 촉발시킨다. 그것 또한 나쁘다고 할 수 없다. 왜냐하면 그 과정에서 많은 배움이 있기 때문이다.

아들은 걷지 못한다는 열등감을 가지고 있다. 하지만 이를 극복하기 위해 손을 사용하는 활동을 더욱 더 개발했다. 이로인해 다른 열등감이 극복된 것이다. 손의 정교함을 사용해야 하는 클래식 기타를 배우기도 했다. 연주 또한 뛰어나다. 듣는 사람으로 하여금 힐링이 되고 마음의 위로가 된다는 이야기를 자주 듣는

다. 열 살짜리 아이의 연주를 듣고서 많은 사람들이 감동을 받았다. 그 곡을 듣는 엄마는 그동안 쌓인 모든 상처와 불완전함과 열등감을 씻어버릴 수 있었다.

"엄마, 내가 오늘은 'rain drops(빗방울)'를 연주할게 들어봐."

"그래 재혁아. 엄마 조용히 편안하게 마음 정돈하고 들어볼게. 한 곡 멋지게 뽑아다오."

비 오는 날 듣는 아들의 클래식 기타 연주는 세상의 모든 불완전함을 끌어안을 정도로 감동적이다.

"재혁아, 너무 잘 했다. 너의 실력은 세계 최고다. 어쩜 그렇게 엄마의 마음을 완전하게 행복하게 만드니. 너의 연주는 그냥 평화다. 평화. 아주 잘했어."

"엄마, 내가 좀 하지?"

"그래, 네가 세상에서 가장 최고로 잘 나가는 기타리스트다. 멋져. 멋져. 우리 아들이 최고야."

나는 아들이 잘한 점을 크게 칭찬해준다. 아들은 나에게 새로운 세상을 보여준 존재이다. 불완전함이 오히려 더 큰 깨달음을 향한 계기가 된다는 것을 보여준 아이다. 그 아들이 매일 엄마에게 새로운 행복을 가져다준다. 불완전함이 원래 인생이란 걸 깨닫게 해준 장본인이기도 하다.

인생은 미완성이고 쓰다가 마는 편지라고 하지 않았던가? 그렇다. 우리는 어쩌면 이 세상을 완전히 다 살아가지 못하고 삶의 여행을 마칠 것이다. 그렇기에 하루하루가 소중하다. 이 소중한 순간을 후회하지 않기 위해서 지금 자신의 불완전함을 있는 그대로 받아들이고 가지고 있는 완전함에 집중하도록 해야 한다.

모든 인간은 존중받아야 하고 행복해질 권리를 가지고 이 세상에 태어났다. 하지만 살다보며 예기치 않은 사고와 병으로 다치거나 장애를 얻을 수 있다. 그 누구도 세상을 살면서 장애를 가지지 않는 사람은 없다. 마음의 장애, 신체적 장애, 영혼의 장애가 생기면 행복해질 권리를 조금씩 빼앗긴다. 누군지는 모르겠지만 내 안에서 스스로 열등감에 의해 자신을 비하하거나 비판하게 만든다. 그렇게 자신이 자기에 대해 판단하는 것은 남이 그렇게 나를 판단해 달라고 하는 것과 마찬가지이다. 결국 행복을 방해하는 사람은 타인이 아닌 자기 자신인 경우가 많다.

오늘날에는 가정, 학교, 직장에서 갈등이 만연하다. 사회적 불평등으로 인해 서로 싸우고 갈등이 빚어지는 이유는 나를 좀 알아봐달라고 하기 때문이다. 누구나 존중받고 인정받고 싶어 한다. 하지만 먼저 내 안에 있는 그대로의 나를 수용하고 이해할 때 불완전함은 극복된다. 상대방이 공감할 때까지 기다리는 것이 아니라 내가 먼저 상대방을 있는 그대로 받아주고 수용하고 공감해준다. 그랬을 때 상대방을 비난하는 일은 줄어들 것이다.

세상을 살아가는 데 있어 타인과 관계를 맺지 않는 사람은 없다. 인간관계 속에는 수많은 갈등이 존재한다. 미묘하고 복잡하지만 상대방과 나의 불완전함을 있는 그대로 수용하고 받아들이려 마음을 먹고 관계를 맺는다면 세상이 좀 더 동그랗게 되지 않을까 생각한다.

상대방의 입장이 되어 생각해보면 이해가 되고 공감이 간다. 이 세상에 스스로 자기가 못되고 나쁜 사람이라고 생각하는 사람은 거의 없다. 자신의 불완전함을 감추고 싶고 남들이 자신을 어떻게 생각하는지에 대해 불안하고 두려운 것뿐이다.

어느 할머니께서 집에서 일하는 아주머니를 못마땅하게 생각하여 불러서 이런저런 잔소리를 했다.

"이 고기는 냉장고의 냉동실에 넣어야 해요."
"배추를 한 번만 씻으면 어떻게 해요. 한 번 더 씻으세요."
"시키지도 않았는데 젓갈은 왜 내왔어요?"
"그건 걸레로 닦아야지, 행주로 닦으면 어떻게 해요."

이렇게 상대방을 공감해주지 않고 명령조로 대하는 할머니의 잔소리에 짜증이 난 아주머니는 다음 날 일을 안 하겠다고 통보했다. 하지만 할아버지가 다시 한 번 기회를 달라며 아주머니의 입장이 되어 공감과 이해하는 말을 하게 된다. 그리고 할머니에게는 자신이 하는 걸 잘 보라고 가르쳤다.

"아주머니가 만든 두부가 참 맛있습니다. 두부 만드는 솜씨가 세계 최고입니다."
"아주머니, 이 채소 깨끗하게 씻어주셔서 고맙습니다. 음식은 정성이 들어가야 몸에 피가 되고 살이 됩니다."
"아주머니, 저를 위해 많이 먹이려고 애쓰셨지요? 옛날에는 많이 먹어야 몸이 좋아진다고 생각했지만 이제는 적당히 소식하는 것이 더 건강에 좋다고 합니다. 그러니 매 끼니마다 깨끗이 비울 수 있는 분량만 담아 주세요."

다음날부터 일하는 아주머니는 신이 났다. 요리하면서 콧노래를 흥얼거리며 기분이 아주 좋아지셨다. 할아버지가 보여준 상대방에 대한 이해와 공감 덕분에 할머니의 잔소리는 줄고 대신 칭찬하는 말이 나오기 시작한 것이다.

우리 아들은 불완전함을 지적받지 않을 정도로 생활을 잘하고 있다. 그런 면에서 아들에게 잔소리할 것이 없지만 그래도 때론 몸이 피곤하거나 힘들 때 짜증을 내기도 한다. 그런 나의 불완전함을 용서하고 있는 그대로 받아들일 때 그 상황이 힘든 것이 아니라 그냥 삶의 과정이라 생각할 수 있게 된다. 아들은 그럴 때마다 나에게 충고해준다.

"엄마, 힘들면 들어가서 쉬어."
"그래 재혁아, 오늘은 엄마가 몸이 많이 피곤하네. 엄마 좀 쉴게."

"알았어. 엄마. 난 형아랑 놀게."

"재혁이는 엄마의 마음을 잘 이해해주는구나. 고맙다. 재혁아."

"엄마, 내가 뭘. 당연한 거지."

"재혁이가 엄마를 안아주며 토닥토닥 등을 두드려줄 때 엄마는 이 세상에서 가장 행복해. 고마워. 재혁아."

모든 인간이 불완전한 존재이고 누구든지 실수할 수 있다고 가정하고 상대방을 이해하려 노력하고 공감해 준다면 이 세상은 모난 세상이 아니라 좀 더 밝은 태양과 둥근 달처럼 조화를 이룰 것이다. 더 나은 둥근 세상을 위해 행복을 선택하자.

비가 오는 날엔 두 가지 반응이 있을 수 있다. 하나는 옷에 비가 젖어 축축해 짜증나겠다고 미리 걱정을 하는 사람이다. 반면 비를 맞고 싱그럽게 올라오는 나뭇잎의 이슬처럼 맺혀 있는 빗방울을 보면서 환희할하는 사람도 있다. 행복은 선택이다. 똑같은 환경인데도 어떤 사람은 행복할 거리를 찾지만 또 다른 사람들은 불행할 거리를 찾는다.

아들이 휠체어를 타고 있는 모습에서 사람들은 위안을 얻기도 한다. 건강하게 걸어 다니는 것만으로도 감사한 것이란 걸 깨닫는 사람이 많았으면 좋겠다. 어쩌면 우리 아들이 이 세상을 더 좋은 곳으로 만들기 위해 큰 시련을 당했는지도 모른다. 사람들에게 '있는 그대로 수용하고 인정하라'는 메시지를 던져 조금 더 둥근 세상을 만들기 위해 크나큰 짐을 짊어지고 있는 줄도 모른다.

아들은 자신이 세상에서 가장 행복하다고 한다. 하반신 마비에다 마음껏 밖에서 활보하며 다닐 수 없는데도 아들은 매 순간 행복을 선택한다. 부모가 특히 내가 아들의 불완전함을 이해하고 다쳤을 때부터 공감해주었기 때문에 가능한 것이라 생각한다.

세상에는 완벽한 사람이 없다. 서로 불완전함을 채워주기 위해 이 세상에 왔는지도 모른다. 세상의 불완전함을 있는 그대로 받아들이고 매 순간 행복을 선택하기 위해 이해하고 공감하려 한다면 이곳은 좀 더 나은 동그란 세상이 될 것이다.

세상에는 네모가 너무 많아!

Epilogue

장애란 뛰어넘으라고 있는 것이지
걸려 넘어져 한탄이나 하라고 있는 것이 아니다

아들과 휠체어를 밀고 세상에 도전한 이야기는 흔하지 않다. 왜냐하면 주변에는 전부 건강하게 걷고 뛰는 사람들이 더 많기 때문이다. 아들에게 사고가 난 후 휠체어를 탄 사람들을 유심히 살펴보게 되었다. 더불어 그들의 아픔과 불편함이 보이기 때문에 한번이라도 더 도와줄 수 없을까란 생각을 하게 된다.

막상 우리 아이가 당해보니 정상적으로 걷고 뛰는 것이 얼마나 큰 축복인지를 깨닫게 되었다. 모든 신체와 환경이 다 좋을때 사람들은 감사함을 잊고 산다. 하지만 뭔가를 잃고 나면 지금까지의 모든 것이 얼마나 소중했는지를 절실히 깨닫게 된다.

그러니 잃어버리기 전에 그 감사함을 알고 있는 사람은 행복하다. 그렇지만 자신이 가지고 있는 것에 감사하고 지금 내 모습이 있는 그대로 완벽하다고 생각하는 사람이 몇이나 되겠는가?

남과의 비교, 더 많이 가지지 못한 것에 대한 불평, 자신에 대한 부정적인 생각으로 고통 받는 사람들이 많다.

우리의 이야기를 통해 사람들이 좀 더 지금의 상황에 감사할 수 있다면 이 책을 쓴 보람이 있을 것이다. 휠체어로 세상을 다니다 보니 불편한 것이 한두 가지가 아니다. 세상에는 여전히 네모난 곳이 너무 많다. 사람들의 시선도 휠체어 탄 사람들을 삐딱하게 바라본다. 도로의 높은 턱과 휠체어가 진입하지 못하는 계단이나 시설물들이 전부 네모난 형태다. 마치 우리 마음에 각이 진 것처럼 여길 가면 여기에 걸려 넘어지고 저기 가면 저기에 걸려 넘어진 적이 한두 번이 아니다. 그럴 때마다 나와 아들은 주저앉아 울지 않았다.

우리가 땅에 넘어졌을 때는 그 땅을 짚고 일어나야지 어디 다른 곳에서 일어날 수 없다. 떨어진 그 자리에서 그 땅을 짚고 다시 일어났다. 그랬기에 우리 모자가 지금 세상에서 가장 행복한 마음 상태를 유지할 수 있다. 네모도 있지만 동그란 마음씨를 가진 사람들이 더 많기에 이 세상은 아직까지 행복하다.

'장애란 뛰어넘으라고 있는 것이지 걸려 넘어져 한탄이나 하라고 있는 것이 아니다'라는 말이 있다. 우리 앞에는 휠체어보다 더 많은 장애물이 존재한다. 몸이 건강해도 마음이 불행한 사람, 겉으로는 환하게 웃고 있지만 내면이 행복하지 않은 사람, 세상 사람에게 상처받고 마음이 힘든 사람 등 수많은 장애물이 존재한다.

 이런 장애에 부딪힐 때마다 그 자리에서 일어나지 않으면 성장할 수 없다. 우리 아들이 휠체어를 타고 있다고 해서 나는 그것을 부족하다고 보지 않는다. 오히려 사고가 나기 전보다 더 완벽한 행복을 만나기 위한 과정이라 생각한다. 더 큰 장애가 있는 사람을 도우라고, 더 겸손해지라고, 나만이 아닌 타인을 돕는 삶을 살라고 하는 신의 큰 도움의 손길임을 깨닫는다.

 고난이 없는 사람보다 상처가 많은 사람이 더 크게 성장한다. 단, 그것을 잘 극복하고 장애에 걸려 넘어지지 않는 한….

 우리 아들과 나는 이 모든 것이 그저 감사할 따름이다. 살아있어서 감사하고, 돌볼 수 있는 가족이 있어서 감사하고, 공기를 마실 수 있는 코가 있어서 감사하고, 아들과 내가 눈을 마주치며 웃을 수 있어서 감사하다. 세상의 네모난 면보다 동그란 면을 더 많이 보기로 마음먹으니 모든 것이 행복이다.

어떻게 세상을 바라보느냐에 따라 행복과 불행이 나뉜다. 우리 아들과 나의 이야기를 들으며 여러분이 '이 세상에는 이런 상황에서도 잘 살아가고 있는 사람이 있구나'라고 느끼며 지금 자신의 상황에 감사하면서 살았으면 한다. 세상에 네모난 면보다 둥근 면을 더 많이 보게 되었다면 이 책을 쓴 보람이 있을 것이다. 현재 재혁이는 세계적인 이스포츠 선수가 되기 위해서 꿈을 향해 나아가고 있다. 모든 분들이 행복하게 웃는 그날을 상상하며 아들과 함께 세상에 도전한 이야기를 마치려 한다.